Análisis y comentario de textos

W0173409

Fernando Lalana Lac

Análisis y comentario de textos

Schmetterling Verlag

Die Deutsche Bibliothek – CIP-Einheitsaufnahme

Lalana Lac, Fernando:

Análisis y comentario de textos/Fernando Lalana Lac. – 2.,
durchges. und korr. Aufl. – Stuttgart: Schmetterling-Verl., 1999
    ISBN 3-89657-381-0

*Ich widme diese Arbeit meiner Frau Maria Luisa Alegre Cordeiro Lalana
und danke besonders meinem Kollegen und Freund Heinz Wilding für die
Durchsicht und Korrektur der deutschen Entsprechungen.*

Schmetterling Verlag
GbR Jörg Hunger und Paul Sandner
Linderspürstr. 38b
70176 Stuttgart
Der Schmetterling Verlag ist Mitglied von aLiVe

ISBN 3-89657-381-0
2., durchgesehene und korrigierte Auflage 1999
Printed in Germany
Alle Rechte vorbehalten
Satz und Reproduktionen: Schmetterling Verlag
Druck: GuS-Druck GmbH, Stuttgart
Binden: IDUPA, Owen

Indice de materias

Vorwort

Bei der Textarbeit in der Oberstufe sah ich in der kritischen Nacharbeitung meiner didaktischen Tätigkeit die Notwendigkeit, eine Phraseologie zu erarbeiten, die den Schülerinnen und Schülern helfen sollte, in angemessener Weise Texte zu analysieren und zu kommentieren. Eine gute Anregung erhielt ich durch das Buch von Bernhard Stentenbach «Französisches Lernwörterbuch zur Textanalyse», 1976 bei Diesterweg/Frankfurt am Main erschienen; ich wich jedoch bei meiner Arbeit erheblich von Struktur, Inhalt und Umfang dieses Werkes ab.

Die Arbeit ist in drei Themenbereiche gegliedert, welche die wesentlichen Komponenten der schriftlichen Kommunikation bilden: Autor (Absicht) – Text (Mitteilung) – Leser (Wirkung). «Análisis y comentario de textos» berücksichtigt die für den Spanischunterricht in der Textphase vorgesehenen Textsorten (beschreibender, argumentierender und darstellender Art) und wurde konkret und intensiv in Kursen der Oberstufe des Gymnasiums sowie an der Universität Bremen erprobt.

Da ich nach fast zwanzig Jahren Fremdsprachenunterricht der festen Überzeugung bin, daß die fundamentale Lerneinheit einer Sprache nicht das Einzelwort, sondern das Wort in einem konkreten Kontext (Satz) ist, werden die Wörter und Wendungen weitgehend in kontextualisierter Form geboten.

Die leicht erkennbare Kombinatorik, welche der Phraseologie «Análisis y comentario de textos» zugrundeliegt, kann an Hand eines konkreten Beispieles dargestellt werden.

el autor	*nos manifiesta*	en la primera parte	*teilt uns mit*
	nos *expone*	en la parte *inicial*	*legt dar* ❖ *einleitend*
	nos *explica*		*erläutert*
		del texto	
		del *escrito*	*Schreiben*
		del artículo	
	el *punto de vista* desde el cual va a		*Gesichtspunkt*
	los puntos de vista desde los cuales va a		
		tratar | el problema	*behandeln*
		analizar | la cuestión	*untersuchen/analysieren*

El autor nos manifiesta en la primera parte del texto el punto de vista desde el cual va a tratar el problema.

El autor nos expone en la parte inicial del artículo los puntos de vista desde los cuales va a tratar la cuestión.

El autor nos explica en la parte inicial del escrito los puntos de vista desde los cuales va a tratar el problema.

...

Um die Kombinationsmöglichkeiten nicht einzuschränken, wurden die Artikel nicht kontrahiert (*de el* anstatt *del*, *a el* anstatt *al*). Die Adjektive werden in der Regel in der Grundform übersetzt. Um ein genaueres Verständnis des Erklärten zu erzielen, werden bei den Verständigungshilfen nicht nur die deutsche Entsprechung einzelner Wörter angegeben, sondern gelegentlich auch Sinnabschnitte übersetzt.

«Análisis y comentario de textos» richtet sich vor allem an Schülerinnen und Schüler der Sekundarstufe II (Grund- und Leistungskurse) sowie an Studenten der Romanistik, die bereits über Grundkenntnisse der spanischen Sprache verfügen (etwa drei bis vier Halbjahre Spanischunterricht). Die Phraseologie beabsichtigt, ihnen eine Hilfe bei der Erarbeitung und dem Erwerb einer grundlegenden kontextuellen Terminologie für Analyse und Auslegung fiktionaler und nichtfiktionaler Texte zu bieten.

Der Zugang zu der Phraseologie wird durch ein ausführliches Stichwortregister vom Deutschen her ermöglicht. Das alphabetische Verzeichnis ermöglicht zugleich die Nutzung des Buches als Nachschlagewerk.

Ich danke meiner Tochter María del Carmen Lalana Cordeiro und meiner Nichte Marta Lalana Garcés für ihre Mitarbeit bei der Erstellung des Glossars sowie meinen Verlegern Jörg Hunger und Paul Sandner für ihr entgegengebrachtes Vertrauen und ihre stetige Unterstützung.

Möge diese bescheidene Arbeit die Sprachkompetenz der Spanischlernenden erweitern, aber vor allem einen Beitrag zur Verwirklichung einer realen Völkerverständigung leisten.
Rheine, Juli 1995

Fernando Lalana
Lehrer für Religion, Französich und Spanisch
am Kardinal-von-Galen Gymnasium in Mettingen

EL AUTOR

1. Generalidades (f.p.) *Allgemeines*

1.1. Asunto (m.), tema (m.) *Sache/Angelegenheit, Thema*

el autor	expone	un asunto	legt dar
	trata	un problema	behandelt
	habla de	un tema	
	escribe sobre	una *cuestión*	Frage

el *periodista*	escribe	*artículos*	Journalist ❖ Artikel
el *dramaturgo*		*obras de teatro*	Dramatiker ❖ Theaterstücke
el *poeta*		*poemas/poesías*	Dichter ❖ Gedichte

1.2. Análisis (m.) *Analyse*

el autor	analiza	*minuciosamente*	algo	sehr ausführlich
	examina	*exactamente*		untersucht ❖ genau
		con *exactitud*		wissenschaftliche
		científica		Genauigkeit
		rápidamente		schnell
		someramente		flüchtig
		superficialmente		oberflächlich

el autor hace un análisis	minucioso	de algo
	exacto	
	rápido	
	somero	
	superficial	

1.3. Relato (m.) *Bericht*

el autor	*relata*	*los hechos*	*acontecidos*	en ...	berichtet über die
	cuenta		*sucedidos*		Ereignisse
	narra				erzählt

1.4. Problema (m.)   *Problem*

el autor	*plantea* un problema *de difícil solución*		wirft auf ❖ schwierig
	aborda en este texto	un tema	bringt zur Sprache
		delicado	heikel
		una *cuestión* difícil	Frage
		un problema *vital*	lebenswichtig
	concentra su atención en un aspecto		richtet seine Aufmerk-samkeit
	replantea un problema		greift wieder auf
	busca la solución de un problema		sucht die Lösung

1.5. Crítica (f.)   *Kritik*

el autor	*critica*	las ideas de	un *político*	kritisiert ❖ Politiker
	examina		un *pensador*	untersucht ❖ Denker
	analiza		un *filósofo*	analysiert ❖ Philisoph

1.6. Comentario (m.)   *Kommentar*

el autor	*comenta*	algo	kommentiert
	explica		erklärt
	da una explicación de		erklärt
	hace un comentario de		nimmt Stellung zu

1.7. Alusión (f.)   *Anspielung*

el autor	*alude irónicamente* a	algo	weist hin ❖ ironisch
	hace una alusión irónica a		spielt an
	hace referencia a		nimmt Bezug
	menciona		erwähnt
	hace mención de		erwähnt/bringt zur Sprache

1.8. Información (f.)   *Auskunft/Information*

el autor da una información	*detallada*	sobre	ausführlich
	prolija	algo	umfassend

el autor	explica algo *sin omitir un detalle*		ohne Einzelheiten auszulassen
	se limita a enumerar las causas que ...		beschränkt sich darauf, die Ursachen aufzuzählen
	se ciñe a describirnos el lugar donde ...		beschränkt sich darauf, den Ort ... zu beschreiben
	nos da razón de	*algo*	gibt uns Auskunft über etwas
	nos da parte de		

1.9. Destacar   *hervorheben*

el autor	*pone de relieve*	*algo*	hebt hervor
	subraya	*una dificultad*	unterstreicht ❖ Schwierigkeit
	hace hincapié en	*un aspecto*	legt Nachdruck auf ❖ Aspekt
	recalca		betont
	insiste en		betont
	hace ver claramente		macht deutlich

el autor	pone de relieve	que... (+ indicativo)
	subraya	
	hace hincapié en	
	recalca	
	insiste en	
	hace ver claramente	

1.10. Aclaración (f.)   *Erklärung*

el autor	hace	una aclaración *necesaria*	notwendig
	nos da	una aclaración *posterior*	nachträglich
	pone en claro	una *duda*	erläutert ❖ Zweifel
	aclara	un *malentendido*	erläutert ❖ Mißverständnis
		una *cuestión complicada*	Frage ❖ schwierig

1.11. Observación (f.)   *Bemerkung*

el autor hace una	observación	*aclaratoria*	erläuternd
	advertencia	*preliminar*	Hinweis ❖ einleitend

el autor	*observa*	que ... (+ indicativo)	bemerkt
	advierte		weist darauf hin

1.12. Esquivar un tema   *meiden*

el autor	esquiva	hábilmente	un *tema*
	elude	con *habilidad*	
		escabroso	
		delicado	

geschickt ❖ Thema
weicht aus ❖ Geschicklichkeit
heikel/verwickelt
problematisch/delikat

1.13. Comparación (f.)   *Vergleich*

el autor	*pone en relación*	dos *sucesos*
	compara	dos *ideas*
	confronta	dos *opiniones*

setzt in Beziehung ❖ Ereignisse
vergleicht ❖ Gedanken
stellt gegenüber ❖ Meinungen

1.14. Digresión (f.)   *Abschweifung*

el autor	hace largas digresiones	
	hace una digresión	*necesaria/s*
	evita digresiones	*innecesaria/s*

notwendig
vermeidet ❖ unnötig

1.15. Resumen (m.)   *Zusammenfassung*

el autor	*resume*	*sucintamente*
	recapitula	*en pocas palabras*

faßt kurz zusammen
faßt zusammen/rekapituliert in
   wenigen Worten

		el *contenido* de un *artículo*
		la *proposición* de alguien
		lo que ha dicho *anteriormente*

Inhalt ❖ Aufsatz/Artikel
Vorschlag
vorher/zuvor

el autor	hace un resumen *sucinto* de	algo
	hace un *breve* resumen de	

kurz
kurz

2. Opinión (f.) del autor *Meinung/Ansicht*

2.1. Generalidades (f.p.) *Allgemeines*

el autor	opina	que ...(+ indicativo)	meint
	piensa		denkt
	cree		glaubt
	asegura		versichert
	afirma		behauptet
	no cree que ... (+ subjuntivo)		

según el autor, ...	nach der Meinung des
según el parecer del autor, ...	Verfassers
en la opinión del autor, ...	
a juicio del autor, ...	

el autor	da	su opinión *personal*	persönlich
	transmite	su *parecer*	liefert ❖ Ansicht
	nos comunica		teilt uns mit
	nos transmite		übermittelt uns
		sobre	algo	
		acerca de		über

el autor	no da	su opinión	gibt nicht wieder
	se abstiene de darnos		enthält sich
	oculta		verhehlt
	no nos manifesta		teilt uns nicht mit

2.2. Fundamento (m.) de la opinión *Begründung*

la opinión del autor	se basa	en hechos reales	fußt auf Tatsachen
	está basada		gründet sich auf
	descansa		beruht auf
	estriba		stützt sich auf

el autor	aduce presenta expone	argumentos para	probar demostrar evidenciar	führt an ❖ beweisen bringt vor ❖ beweisen stellt vor ❖ klar beweisen
		I su opinión		

el autor	apoya basa	su opinión sus *ideas*	*en razones*	*stützt auf* ❖ *Gründe* *stützt auf* ❖ *Gedanken*
			obvias	*einleuchtend*
			de peso	*gewichtig*
			concluyentes	*beweiskräftig*
			convincentes	*überzeugend*
			persuasivas	*stichhaltig*

el autor	defiende justifica	su opinión	*verteidigt* *begründet/rechtfertigt*

2.3. Asentimiento (m.) *Zustimmung*

el autor	está de acuerdo con comparte aprueba tolera sostiene	la opinión *la manera de pensar* las ideas	*stimmt überein mit* *teilt die Ansicht* *billigt* *duldet* *verteidigt*
		de alguien	

2.4. Cambio (m.) de opinión *Meinungsänderung*

el autor	cambia de modifica su rectifica su	opinión	*ändert die Meinung* *ändert* *berichtigt*

2.5. Opinión (f.) personal, *persönliche Meinung,*
punto (m.) de vista *Gesichtspunkt/Sicht/Ansicht*

el autor tiene una opinión muy personal	sobre *acerca de*	algo	 *über*

el autor nos da su	*interpretación personal*	sobre algo	*persönliche Deutung*
	punto de vista		

el autor	*hace notar*	que... (+ indicativo)	*weist darauf hin*
	mantiene		*behauptet*
	sostiene		*behauptet*
	constata		*stellt fest*
	afirma		*behauptet*

el autor	*expone*	su opinión sobre algo	*legt dar*
	formula		*bringt zum Ausdruck*
	se pregunta si ...		*fragt sich, ob*

el autor	*manifiesta*	*en la parte final*	*äußert in dem letzten Teil*
	expresa	su punto *de vista*	*bringt zum Ausdruck*
	formula		*formuliert*
	aclara sirviéndose de		*verdeutlicht seinen Gesichts-*
	ejemplos concretos		*punkt mit konkreten Beispielen*

el autor	*analiza*	un problema	*untersucht/analysiert*
	examina		*untersucht*
desde un *punto de vista*		*psicológico*	*Gesichtspunkt* ❖ *psychologisch*
		sociológico	*soziologisch*
		moral	*moralisch*

3. Intención (f.) del autor   *Absicht*

3.1. Manifestación (f.)   *Äußerung/Erklärung*

el autor	manifiesta	de modo inequívoco	bekundet/äußert ❖ eindeutig
	pone de manifiesto	directamente	zeigt ❖ ohne Umschweife
	expresa	claramente	bringt zum Ausdruck ❖ deut-
	da a entender	indirectamente	lich ❖ läßt durchblicken
	exterioriza		verdeutlicht/macht deutlich
		su intención	
		lo que *intenta*	beabsichtigt

| el autor | precisa | muy concretamente su intención | gibt sehr genau an |
| | formula | | formuliert/umreißt |

el autor deja	entrever	su intención	durchblicken
	traslucir		durchblicken
	vislumbrar		durchblicken

la intención del autor	no se vislumbra		ist nicht klar zu durchschauen
	no se deja entrever		
		claramente	
		con claridad	

3.2. Informar   *informieren*

el autor	quiere	informar sobre algo	al lector	
	pretende	poner al corriente		beabsichtigt ❖ unterrichten
		hacer ver algo		vor Augen führen

el fin que	persigue	el autor es informar	Ziel ❖ verfolgt
	se ha propuesto		sich vorgenommen hat
	objetivamente a los lectores		sachlich/objektiv
	con la mayor objetividad		Objektivität/Sachlichkeit
	lo más objetivamente posible		

el autor quiere que *abramos los ojos a*	la *realidad*	wir uns öffnen ❖ Wirk-
	nuevas *perspectivas,*	lichkeit ❖ Perspektiven
	nuevos *horizontes*	Horizonte

3.3. Probar   *beweisen*

el autor quiere	probar	algo	
	demostrar		beweisen/zeigen
	hacer ver		vor Augen führen

| el autor quiere | *convencer* | al lector de algo | überzeugen |
| | *persuadir* | | überzeugen/überreden |

el autor quiere	hacer ver	la *necesidad* de	Notwendigkeit
	mostrar		aufzeigen
		un *cambio*	radical	Änderung
		una *reforma*		Reform

| el autor quiere | *prevenir* | al lector | vorwarnen |
| | *poner sobre aviso* | | vorwarnen |

3.4. Animar/Exhortar   *ermutigen* ❖ *auffordern*

el autor	*sugiere* al lector que haga algo			legt nahe/suggeriert
	anima al lector	a que	haga algo	ermutigt/regt an
		para que		

el autor	anima	a las mujeres a	*exigir*	verlangen
	exhorta		*reivindicar*	beanspruchen
			reclamar	zurückfordern/einklagen
		sus *derechos*		Rechte
		su *igualdad de derechos*		Gleichberechtigung

el autor	*insinúa*	a los lectores la *necesidad*	deutet an ❖ Notwendigkeit
	sugiere		suggeriert
		de *tomar una medida*	eine Maßnahme ergreifen
		de *pasar a la acción*	aktiv werden

el autor quiere que el lector	reflexione	überlegt
	recapacite	nachdenkt/überdenkt
	se forme un juicio	sich eine Meinung/ein Urteil
l sobre algo		bildet

el autor quiere	infundir nuevos ánimos a alguien		neuen Mut einflößen
	aplacar	los ánimos de alguien	besänftigen
	apaciguar		beschwichtigen
	calmar		beruhigen

el autor quiere abrirnos	nuevas perspectivas	uns eröffnen ❖ Perspekti-
	nuevos horizontes	ven ❖ Horizonte

el autor quiere que el lector no se deje	seducir	sich nicht verleiten läßt
	fascinar	sich nicht blenden läßt
por argumentos de apariencia convincente		Scheinargumente

el autor quiere	causar	en el lector un	hervorrufen/bewirken
	provocar	sentimiento de ...	hervorrufen ❖ Gefühl
	inspirar		hervorrufen
	hacer surgir		entstehen lassen

el autor quiere que el lector	se dé por aludido	sich betroffen fühlt
	tome una decisión	eine Entscheidung fällt

3.5. Criticar   *kritisieren*

el autor	criticar	un vicio	Laster/Unsitte
quiere	luchar contra	un abuso	kämpfen gegen ❖ Mißbrauch
	hacer frente a	el favoritismo	bekämpfen ❖ Günstlingswirt-
	acabar con	el caciquismo	schaft ❖ beseitigen ❖ Bon-
	extirpar de raíz		zentum ❖ ausrotten

la intención del autor es	ridiculizar		lächerlich machen
	poner en ridículo		ins Lächerliche ziehen
	las costumbres	de alguien	Gewohnheiten
	el comportamiento		Verhalten

el autor quiere	satirizar	los *privilegios*	verspotten ❖ Sonderrechte
	denunciar	las *prerrogativas*	anprangern/öffentlich rügen
	combatir		Vorrechte ❖ bekämpfen
	invalidar		rückgängig machen
		de la *nobleza*	Adel
		de una *clase social*	soziale Schicht

el autor quiere	reclamar	un *derecho*	zurückfordern/einklagen
	hacer valer	sus derechos	Recht ❖ gelten lassen
		los derechos de alguien	

la reforma que el autor	propone	tiene por objeto	vorschlägt ❖ hat als Ziel
	propaga	tiende a	verbreitet ❖ bezweckt
mejorar	las *condiciones de vida*	de los obreros	bessern ❖ Lebensbedin-
modificar	la *situación*		gungen ❖ ändern ❖ Lage

3.6. Ejercer influencia   *beeinflussen*

el autor quiere	ganarse	la *benevolencia*	für sich gewinnen ❖ Wohl-
	granjearse	la simpatía	wollen ❖ für sich gewinnen
	captar		gewinnen
	atraerse		für sich einnehmen
		de alguien	
		de los lectores	

el *fin* que se ha *propuesto*	inculcar	en el *ánimo*	Ziel ❖ vorgenommen
el autor es	infundir		wecken ❖ Geist ❖ wach-
de los lectores una nueva *concepción*	de la vida		rufen ❖ Lebensauffas-
	de la sociedad		sung ❖ Gesellschafts-
			auffassung

el autor quiere que el lector	cambie	ändert
	modifique	ändert
	rectifique	verbessert
	corrija	korrigiert
	su *conducta*	Verhalten
	su *manera de pensar*	Meinung

el autor quiere	proclamar promulgar	el principio de la *igualdad*	verkünden verbreiten ❖ Gleichheit
el autor quiere	convencer persuadir	al lector de algo	überzeugen überzeugen/überreden

el autor quiere que el lector	se *solidarice* con se *adhiera* a		sich solidarisch erklärt sich anschließt
	la *causa* el *ideal*	que él *defiende*	Sache ❖ verteidigt Leitbild

el autor quiere *imponer*	su *opinión* su *parecer*	a los lectores	aufdrängen ❖ Meinung Ansicht

el autor quiere que el lector	*proteste* *se rebele*	contra	protestiert sich auflehnt
		un *abuso* la *opresión*	Mißbrauch Unterdrückung

el autor quiere	*hacer ver* *mostrar*	a los lectores que	vor Augen führen zeigen
ellos deben	*asumir* *afrontar* *cargar con*	las *consecuencias* de algo	auf sich nehmen ❖ Folgen sich auseinandersetzen mit auf sich nehmen

el autor quiere *incitar*	a las *masas* a los *obreros parados* a la *rebelión* a la *sublevación*	anstiften ❖ Volksmassen Arbeitslose Aufstand Aufruhr

el autor quiere	*disuadir* a alguien que alguien *disienta*	ausreden sich distanziert
	de un *propósito* de una *idea* de un *plan*	Vorhaben Idee Plan

en la *introducción* en la *parte introductoria*	el autor	quiere	Einleitung einleitender Teil
	despertar *estimular*	la *curiosidad* el *interés*	del lector	wecken ❖ Neugierde wecken ❖ Interesse

el autor pretende	*debilitar*	la *posición*		*schwächen* ❖ *Stellung*
	reforzar			*festigen*
	de un *grupo*	*social*		*Gruppe* ❖ *sozial*
		político		*politisch*

el autor quiere	*mediar*		*vermitteln*
	hacer de mediador		*schlichten*
entre dos posiciones	*opuestas*		*entgegengesetzt*
	contradictorias		*widersprüchlich*

la intención	*crítica*	del autor	*kritisch*
	apologética		*rechtfertigend*
	polémica		*polemisch*
	satírica		*satirisch*
	humorística		*humoristisch*
	se desprende de	la *locución* ...	*ergibt sich* ❖ *Rede-*
	se entreve en	la expresión ...	*wendung* ❖ *läßt*
	se puede deducir de ...		*sich erkennen*
			läßt sich ableiten

4. Actitud (f.) del autor *Haltung*

4.1. Simpatía (f.) *Sympathie*

el autor *simpatiza* con	alguien		sympathisiert
	una *ideología*		Ideologie

el autor *siente* simpatía por	una *idea*		fühlt ❖ Vorhaben
	una *causa*		Sache

el autor	*siente*	una simpatía *profunda*	fühlt ❖ groß
	experimenta		empfindet
	muestra		zeigt
		por / alguien	
		hacia / algo	

el autor	muestra	*abiertamente*	offen
	manifiesta	*solapadamente*	zeigt ❖ versteckt
		directamente	unverhohlen
		indirectamente	indirekt
		su simpatía / por alguien	
		su *predilección* / por algo	Vorliebe

las *expresiones empleadas* por	el autor *reflejan*/a		angewandte Ausdrücke
la *forma de hablar* de			spiegeln wider ❖ Sprache
	la simpatía	que él siente por / alguien	
	la *admiración*	/ algo	Bewunderung
	el *respeto*		Hochachtung

el *corazón* del autor *palpita por* alguien	Herz ❖ schlägt für

4.2. Solidaridad (f.) *Solidarität*

el autor	*se hace solidario*	con alguien	erklärt sich solidarisch
	se solidariza		solidarisiert sich
	se siente solidario		fühlt sich solidarisch

el autor *toma partido*	por alguien	*ergreift Partei*
	por algo	

el autor *siente*	una especial *predilección* por	verspürt ❖ Vorliebe
	preferencia decidida por	entschiedene Vorliebe
	los *débiles*	Schwachen
	los *niños*	Kinder
	los que sufren	die Leidenden

el autor	*apoya*	un *plan*	unterstützt ❖ Plan
	defiende	un *proyecto*	verteidigt ❖ Vorhaben /Projekt
		una *idea*	Idee
		una *tesis*	These

el autor	*se pronuncia*	*en favor de* algo	spricht sich aus ❖ für
	se manifiesta		tritt ein
	se declara		äußert Zustimmung

el autor *es partidario*	de una *reforma social*	befürwortet ❖ soziale Reform
	de que *se tome una medida*	eine Maßnahme ergriffen wird

el autor *muestra*	mucha *estima*	por alguien	zeigen ❖ Hochachtung
	mucho *aprecio*	por algo	Wertschätzung

el autor	*está interesado*	en la realización	ist interessiert
	tiene interés	de un plan	hat Interesse

el autor	*está entusiasmado*	con algo	ist begeistert
	se entusiasma		begeistert sich

4.3. Defensa (f.) — *Verteidigung*

el autor	*defiende*	una *opinión*	verteidigt ❖ Meinung
	propugna	una *idea*	setzt sich ein für ❖ Idee
		una *tesis*	These

el autor	*defiende* a alguien contra ...	verteidigt
	aboga en favor de alguien	setzt sich ein für

el autor	vela por	los intereses de alguien	wacht über
	salvaguarda		wahrt
	defiende		

al autor	le tiene obsesionado	una sola idea	ein Vorhaben beschäftigt ihn unablässig
	le inquieta		beunruhigt ihn

este artículo *tiene*	una *tendencia*	zeigt ❖ Tendenz
en este artículo *se acusa*		merkt man ❖ sehr deutlich
marcadamente	*derechista*	rechtsorientiert
	izquierdista	linksorientiert

el autor	*intercede*	*con* *insistencia* por	verwendet sich ❖ nachdrücklich
	aboga	*con* *celo* por	tritt ein ❖ leidenschaftlich
	defiende (a)		verteidigt
	habla en favor de		spricht für/zugunsten von
		alguien	
		algo	

el autor *es partidario*	*de medidas radicales*	ist für radikale Maßnahmen
	de mayores *reformas sociales*	soziale Reformen

4.4. Acuerdo (m.) *Einverständnis/Zustimmung*

el autor	*asiente a*	la opinión de	alguien	stimmt zu
	admite	la *argumentación* de		akzeptiert ❖ Argu-
	aprueba	los *argumentos* de		mentation ❖ bejaht
		una *tesis*		Argumente ❖ These
		una *proposición*		Vorschlag

el autor	*considera*	*oportuno*	que se haga algo	hält für ❖ angebracht
	cree	*conveniente*		hält für ❖ angemessen
	juzga	*pertinente*		hält für ❖ zweckmäßig

el autor *comparte*	las *preocupaciones* de alguien	teilt ❖ Sorgen
	las *penas*	Leiden
	las *alegrías*	Freuden

| el autor | accede a | una proposición | billigt ❖ Vorschlag |
| | acepta | una propuesta | stimmt zu ❖ Anregung |

4.5. Crítica (f.) *Kritik*

el autor adopta una posición	crítica		nimmt an ❖ Haltung
	polémica		kritisch ❖ polemisch
	combativa		kämpferisch
	frente a alguien		

el autor hace una crítica	severa	de algo	übt eine harte Kritik
	justa	de alguien	gerecht
	discreta		zurückhaltend

| el autor dirige una crítica | severa | a alguien | richtet |
| | violenta | | heftig |

| el autor | emite | un juicio | sobre algo | gibt ❖ Einschätzung |
| | da | su opinión | | liefert ❖ Ansicht |

| la actitud del autor puede | calificarse | de polémica | kennzeichnen |
| | tildarse | | bezeichnen |

4.6. Desacuerdo (m.) *Nichteinverständnis/Ablehnung*

el autor manifiesta	su disconformidad	zeigt ❖ Nichteinverständnis
	su indignación	Empörung
	con algo/alguien	
	contra alguien/algo	

el autor	se manifiesta	contra algo	wendet sich
	se pronuncia	contra alguien	spricht sich aus
	se declara		erklärt sich nicht einverstanden (mit)

el autor	es contrario a	ist gegen
	no está de acuerdo con	ist nicht einverstanden
	algo	
	la planificación de la economía	wirtschaftliche Planung

el autor	formula alza	una protesta	violenta enconada	äußert ❖ Protest ❖ heftig erhebt ❖ sehr erbittert Einspruch
		contra alguien contra algo		

el autor	desaprueba censura condena reprueba	la conducta el comportamiento la actitud las acciones	de alguien	mißbilligt ❖ Verhalten rügt ❖ Benehmen verurteilt ❖ Haltung tadelt ❖ Taten/das Handeln

el autor	muestra sin ningún género de reservas
	patentiza sin la menor reserva
	hace ver sin restricciones de ningún
	  género
	da a conocer sin reservas de ninguna
	  clase
			zeigt vorbehaltlos ❖ macht
			  vorbehaltlos deutlich ❖ be-
			  kundet ohne Einschrän-
			  kungen
			gibt ohne Einschränkung zu
			  erkennen

		una situación injusta la injusticia que ...	ungerechte Lage/Situation Ungerechtigkeit

el autor	rechaza	categórica- mente sin vacilar con energía	una proposición una propuesta una tentativa un argumento una idea	lehnt kategorisch ab Vorschlag ohne zu zögern Vorschlag ❖ entschieden Versuch ❖ Argument Vorschlag

el autor	manifiesta expresa nos da a conocer	de modo inequívoco claramente	äußert ❖ unmißverständlich drückt aus ❖ deutlich gibt zu erkennen
		su disconformidad su desacuerdo su indignación	Nichteinverständnis Ablehnung Empörung

el autor	es contrario a no está de acuerdo con	las medidas	ist gegen die Maßnahmen ist nicht einverstanden
		que ha propuesto alguien que ha sugerido sugeridas por alguien propuestas	vorgeschlagen angeregt

el autor *se pronuncia* contra	alguien	spricht sich aus
	algo	

4.7. Oposición (f.)   *Widerstand*

el autor	*protesta* contra	un *abuso*	protestiert ❖ Mißbrauch
	se rebela contra	una *injusticia*	lehnt sich auf ❖ Ungerechtigkeit
		la *opresión*	Unterdrückung

el autor	*se opone* a	un *proyecto*	widersetzt sich ❖ Projekt
	rechaza	un *plan*	lehnt ab ❖ Plan
		una *técnica*	Technik
		una *actitud*	Haltung

el autor *pugna*	*tenazmente*	por	la *abolición*	kämpft ❖ beharrlich ❖ Ab-
	con *tenacidad*		la *extinción*	schaffung ❖ Beharrlichkeit
	porfiadamente			Beseitigung ❖ hartnäckig
		de una *situación injusta*		ungerechte Situation

el autor *se niega*	*tenazmente*	a hacer algo	weigert sich ❖ entschieden
	rotundamente		glatt/rundweg

el autor	*profiere*	una *amenaza* contra alguien	bringt vor ❖ Drohung
	formula		äußert
	articula		spricht aus

el autor	*contradice*	*enérgicamente*	widerspricht ❖ energisch
	rebate		bestreitet
	refuta		widerlegt
	impugna		bekämpft
	las *afirmaciones*	de alguien	Behauptungen
	las palabras		

el autor	*adopta*	una *postura radical frente al*	nimmt eine radikale Haltung
	propaga	*problema de las*	angesichts des Problems
		desigualdades	der sozialen Ungleichheiten
			verbreitet/wirbt für

4.8. Acusación (f.)

el autor	*acusa*	a alguien	de algo	*beschuldigt*
	inculpa		de haber hecho algo	*legt zur Last*
			de *no haber hecho* algo	*unterlassen haben*

| el autor | *censura* | algo | *bemängelt/tadelt* |
| | *condena* | a alguien | *verurteilt* |

el autor acusa a alguien	de *partidismo*	Parteilichkeit
	de *racismo*	Rassismus
	de *intolerancia*	Intoleranz
	de ser *partidista*	*parteiisch*
	der ser *racista*	Rassist
	de ser *intolerante*	*intolerant zu sein*

| el autor | *acusa* | a los lectores *de cerrar los ojos* | *die Augen zu verschließen* |
| | *culpa* | *a la realidad* | *vor der Wirklichkeit* ❖ *wirft vor* |

4.9. Reproche (m.)

el autor	*muestra*	que	la *conducta*	*zeigt* ❖ Verhalten
	hace ver		el *comportamiento*	*macht deutlich* ❖ Benehmen
			la *actitud*	Haltung
		l de alguien es	*reprochable*	*tadelnswert*
			reprobable	*verwerflich*
			censurable	*zu bemängeln*

| el autor | *reprocha* | a alguien | algo | *wirft vor* |
| | *echa en cara* | | haber hecho algo | *hält vor* |

| el autor *dirige* una *crítica* | *severa* | a alguien | *richtet* ❖ Kritik ❖ hart |
| | *violenta* | | *heftig* |

4.10. Preocupación (f.)

el *futuro*	de un	*preocupa*	al autor	Zukunft ❖ *macht besorgt*
el *porvenir*	grupo social	*inquieta*		Zukunft ❖ *beunruhigt*
el *destino*		*turba*		Schicksal ❖ *versetzt in Unruhe*

el autor	tiene lástima	de alguien	bedauert
	tiene pena		bemitleidet

el autor	lamenta	la *ignorancia*	beklagt ❖ Unwissenheit
	deplora	la *falta de solidaridad*	bedauert ❖ Mangel an
		de las gentes	Solidarität
		de *parte* de la *población*	Teil ❖ Bevölkerung

4.11. Desprecio (m.)   *Geringschätzung/Verachtung*

el autor	se burla	de algo	spottet über
	se mofa	de alguien	verhöhnt
	se ríe		macht sich lustig über

el autor	ironiza	algo	zieht ins Lächerliche
	ridiculiza	a alguien	macht lächerlich

el autor hace una *burla*	cruel	de alguien	Spott ❖ grausam
	despiadada	de algo	schonungslos
	irreverente		unehrerbietig

el autor	manifiesta	un cierto *desprecio*	zeigt ❖ Verachtung
	muestra		zeigt
	hace patente		legt an den Tag
		frente a alguien	
		cuando habla de ...	

el autor	ridiculiza	otros *puntos de vista*	macht lächerlich ❖ Gesichtspunkte
	menosprecia		drückt Geringschätzung aus
	desprecia		verachtet

el autor	exterioriza	su *aversión*	para con alguien	äußert ❖ Abneigung
	manifiesta	su *antipatía*		zeigt ❖ Antipathie

4.12. Reserva (f.)   *Vorbehalt/Zurückhaltung*

el autor	duda	de alguien	zweifelt an jemandem
	desconfía		mißtraut jemandem
	sospecha		argwöhnt

el autor	duda de	la buena *voluntad*	*Wille*
	desconfía de	la *sinceridad*	*Aufrichtigkeit*
	recela de		*mißtraut*
	pone en duda		*zieht in Zweifel*
	de alguien		
	de los *responsables*		*Verantwortliche*

el autor	*muestra algo de reserva*	*zeigt etwas Zurückhaltung*
	se muestra algo reservado	*gibt sich etwas zurückhaltend*
	frente a alguien	
	frente a algo	

el autor	no nos da	su *opinión*		*Meinung*
	se abstiene de darnos	su *parecer*		*enthält sich*
		I sobre	un problema	*Auffassung*
			una *cuestión*	*Frage*
			algo	
			alguien	

el autor	*evita* una *toma de posición* personal	*vermeidet* ❖ *Stellungnahme*
	se abstiene de tomar posición	*enthält sich der Stellungnahme*

el autor no *se*	*pronuncia*	*ni en pro ni en contra* de algo	*spricht sich weder für*
	declara		*noch gegen etwas aus*

II

EL TEXTO

1. Localización (f.) del texto

el texto que vamos a	analizar comentar	es de ha sido escrito por Pío Baroja un autor sudamericano	analysieren ❖ stammt von kommentieren ❖ wurde verfaßt von

el autor del texto que vamos a	analizar comentar *interpretar*	es Ernesto Cardenal	*interpretieren*

el texto es un	*fragmento* *pasaje*	de una *novela* de un libro de un *artículo* de un *poema*	*Auszug* ❖ *Roman* *Abschnitt* *Artikel/Aufsatz* *Gedicht*
	de Miguel Delibes de Carlos Rojas	que *lleva por título* ... *titulado*/a ...	*den Titel trägt* ... *mit dem Titel* ...

el texto *fue publicado* en La Vanguardia		*wurde veröffentlicht*
el día con *fecha*	4 de noviembre de 1993	*am* *Datum*

el texto	es *contiene* *reproduce*	la primera *escena* la tercera escena las dos primeras escenas	*Szene* *beinhaltet* *gibt wieder*
del segundo *acto* de una obra de teatro de Sastre			*Akt*
		que *lleva por título* ... *que se titula* ...	*den Titel* ... *trägt* *mit dem Titel* ...

2. Título (m.) y su función (f.)   *Titel* ❖ *Funktion*

2.1. Título (m.)   *Titel*

el texto	*lleva por título ...*	trägt den Titel ...
	se titula ...	

el autor ha titulado	su *escrito ...*	*Werk*
	su *artículo ...*	*Artikel/Aufsatz*
	su *ensayo ...*	*Essay/Abhandlung*
	su *poema ...*	*Gedicht*

2.2. Función (f.) del título   *Funktion des Titels*

el título	*resume*	*en cierto modo*		*faßt zusammen* ❖ *gewissermaßen*
	condensa			*umreißt kurz*
		el *contenido*	*del texto*	*Inhalt*
		el *mensaje*		*Botschaft*

el autor	*formula*	*en el título la tesis que*		*formuliert*
	enuncia			*legt kurz dar*
		quiere	*probar*	*beweisen*
	se ha *propuesto*			*vorgenommen*

el título	*sintetiza*	la *idea*	*central*	*synthetisiert* ❖ *Hauptgedanke*
	adelanta		principal	*nimmt vorweg*
	resume		esencial	*faßt zusammen*
			más importante	*wichtig*
		del texto		
		del escrito		

el título tiene una *función orientadora*   *orientierende Funktion*

el título nos	*indica*	el *tema*	*zeigt* ❖ *Thema*
	anuncia	la *cuestión*	*kündigt an* ❖ *Frage*
	da a conocer	el *problema*	*macht bekannt mit*
	que el autor va a *tratar*		*behandeln*

en el título el autor	*formula*	la tesis que quiere	formuliert
	enuncia		kündigt an
	exponer	en su *artículo*	darlegen ❖ Artikel
	probar	en su *escrito*	beweisen ❖ Schreiben
	demostrar		beweisen

el título	*pone de relieve*	un aspecto	hebt hervor
	acentúa		betont
	subraya		unterstreicht
	hace hincapié en		legt Nachdruck auf
		del *problema* que se va a *tratar*	Problem ❖ behandeln
		de la *cuestión*	Frage
		del *tema*	Thema

el título	es *provocativo*	provozierend
	contiene elementos provocativos	beinhaltet

el título	*no está en consonancia* con el	contenido	stimmt nicht überein
	no corresponde al		entspricht nicht
	induce a error		ist irreführend

el título *promete* más de lo que el texto	da	verspricht
	contiene	beinhaltet

2.3. Subtítulo (m.) *Untertitel*

en el subtítulo del texto que vamos a	*analizar*		analysieren
	comentar		kommentieren
el autor	*delimita*	el *punto de vista*	grenzt ein ❖ Gesichtspunkt
	fija con precisión	el *aspecto*	legt genau fest ❖ Aspekt
	nos dice		
	nos *manifiesta*		zeigt
I desde el cual el autor va a	*tratar*	el *tema*	behandeln ❖ Thema
	analizar	el *problema*	analysieren ❖ Problem
		la *cuestión*	Frage

3. Estructuración (f.) *Gliederung*

3.1. Estructura (f.) *Aufbau/Struktur*

la estructura es	la *combinación*	de las *partes*	Verbindung ❖ Teile
	la *distribución*	de los *núcleos*	Anordnung ❖ Abschnitte
	el *orden*		Ordnung
	que *componen*	un texto	bilden
	que *integran*		
	que *forman*		
	que *constituyen*		

la estructura del texto es	*simple*	einfach
	clara	deutlich
	complicada	kompliziert
	compleja	komplex
	intrincada	verwickelt

| el texto | *presenta* | una estructura | *simple* | weist auf |
| | tiene | | ... | |

| el texto está | *claramente* | *estructurado* | deutlich ❖ gegliedert/strukturiert |
| | bien | | |

| la estructura del texto es la *siguiente*: ... | folgende: |

3.2. Párrafo (m.), parágrafo (m.) *Abschnitt/Absatz*

el párrafo	*está separado del resto del texto*	ist getrennt von dem Rest
el parágrafo		des Textes
	con	un *punto y aparte*	Punkt (und neuer Absatz)
	por		

desde el punto de vista tipográfico este texto	aus Sicht der Untergliederung
se compone de	cuatro párrafos	besteht aus
está estructurado en		ist gegliedert/aufgebaut

partiendo de la	distribución	tipográfica	ausgehend von der Untergliederung ❖ Struktur
	estructura		
del texto podemos *distinguir* en él tres partes			feststellen/unterscheiden

en la *disposición* tipográfica	*encontramos*	tres	Anordnung ❖ finden wir
del texto	*descubrimos*		entdecken wir
	constatamos		stellen wir fest
	partes		Teile
	núcleos		Abschnitte
	párrafos		Absätze

el texto	tiene	tres párrafos
	contiene	beinhaltet
	está dividido en	ist gegliedert

un párrafo	*largo*	lang
	extenso	lang
	corto	kurz
	breve	kurz

el *párrafo*	*inicial*	erster Absatz/Abschnitt
	central	mittlerer
	final	abschließender

un párrafo	*encierra*	una gran *verdad* · beinhaltet ❖ Wahrheit
	contiene	una gran *enseñanza* · enthält ❖ Lehre
		un *postulado* *importante* · Postulat ❖ wichtig
		un *principio* · Prinzip

3.3. División (f.) — *Einteilung/Unterteilung*

partes (f.p.) — **Teile**

podemos	*dividir*	el texto en tres partes	einteilen/unterteilen
	estructurar		strukturieren/gliedern

el texto puede	*dividirse*	en dos partes	eingeteilt/unterteilt werden
	estructurarse		strukturiert/gegliedert werden

el texto	se divide en	tres	partes	ist gegliedert
	está dividido en		núcleos	ist gegliedert ❖ Teile
	consta de			besteht
	se compone de			ist zusammengesetzt
	está compuesto de			besteht
	abarca			umfaßt
	presenta			zeigt

el texto contiene tres	partes	beinhaltet
	párrafos	Abschnitte
	ideas principales	Hauptgedanken

3.4. Subdivisión (f.) *Unterteilung*

la segunda parte	puede subdividirse en		unterteilt werden
	está integrada por		besteht aus
	se compone de		besteht aus
		dos subpartes	
		dos subnúcleos	Unterteil

3.5. Extensión (f.) de las partes *Umfang*

el texto	que vamos a analizar	se compone de	besteht aus
	que nos ocupa	consta de	beschäftigt ❖ besteht aus
		tres partes	

la primera parte	va hasta	la línea 17	geht bis Zeile 17
	se extiende hasta		erstreckt sich bis
	termina en		endet in

la primera parte	contiene	el fragmento que va			beinhaltet ❖ Abschnitt
	comprende				umfaßt
	abarca				umfaßt
	del comienzo	a la	línea 17	Anfang
		hasta la		

la primera parte	coincide con	el primer párrafo	stimmt überein
	comprende		umfaßt
	va hasta el primer punto y aparte		Punkt (und neuer Absatz)

la segunda parte	va se extiende abarca	de la línea 16	geht von Zeile erstreckt sich umfaßt
	a hasta	la línea 20	

la tercera parte	comienza empieza se incia	en la línea 18 y	beginnt fängt an beginnt
	termina concluye	en la línea 40	endet geht zu Ende

la parte central	abarca contiene comprende	los párrafos 3 y 4	umfaßt enthält schließt ein

los párrafos 3 y 4	contienen constituyen	la parte central	beinhalten stellen dar

la parte final	comienza empieza se abre	en con	la frase ...	beginnt fängt an fängt an

3.6. Introducción (f.)   Einleitung

el primer párrafo	puede considerarse como es		Abschnitt ❖ betrachtet werden
		un breve preámbulo una breve introducción	kurze Einleitung/Vorrede kurze Einleitung

la primera parte	coincide con la constituye	el primer párrafo	stimmt überein mit ist

en el preámbulo inicial el autor	anticipa adelanta anuncia	einleitende Teil ❖ nimmt vorweg kündigt an
las ideas principales del texto las afirmaciones más importantes que va a exponer		Hauptgedanken wichtigste Aussagen vortragen

| el primer párrafo | *contiene* la | introducción | beinhaltet |
| | *sirve de* | | dient als |

el primer párrafo	*trata de* ...	handelt von
	está dedicado a ...	ist gewidmet
	contiene ...	beinhaltet

el autor	*inicia*	su texto	*presentando*	beginnt, indem er vorstellt
	comienza		*exponiendo*	fängt an, indem er vorträgt
	da comienzo a			beginnt
	introduce			leitet den Text ein
	el tema	que va a *tratar*		behandeln
	el problema			
	el *asunto*			Thema
	la *cuestión*			Frage

el autor	*nos manifiesta*	en la primera parte	teilt uns mit
	nos *expone*	en la parte inicial	legt dar
	nos *explica*		erläutert
	nos *da a conocer*		stellt vor
		del texto	
		del *escrito*	Schreiben
		del artículo	
		el *punto de vista* desde el cual va a	Gesichtspunkt
		los puntos de vista desde los cuales va a	
		tratar	el problema	behandeln
		analizar	la cuestión	untersuchen/analisieren

la primera parte es	*exclusivamente*	*introductoria*	ausschließlich ❖ einleitend
	esencialmente		im wesentlichen/haupt-
	primordialmente		sächlich ❖ vor allem

3.7. Parte (f.) central   *Hauptteil*

la parte	central	del texto	*comprende*	umfaßt
	principal		*está contenida en*	ist enthalten
			abarca	umfaßt
		los párrafos	2 y 3	
		los parágrafos		

los párrafos dos y tres	contienen	la parte	beinhalten
	encierran		enthalten
		principal	
		más importante	

en la parte central el autor
    intenta probar la tesis *expuesta* en   *versucht* ❖ *beweisen* ❖ *eingeführt*
      la introducción

	expone	sus *ideas*	sobre	un problema	*legt dar* ❖ Ansicht
		lo que		una *decisión*	Entscheidung
		él piensa		una *teoría*	Theorie

    defiende sus *afirmaciones*   *verteidigt* ❖ Behauptungen
    analiza *detalladamente* un problema   *ausführlich*
    enumera las *razones que le llevan a*   *zählt auf* ❖ Gründe, die ihn da-
      afirmar algo   zu führen, etwas zu behaupten
    formula los argumentos *en favor de* una tesis   *für*
    analiza *los pros y los contras* de   *das Für und Wider* ❖ Entschei-
      una *decisión*   dung
    explicita las *consecuencias* de algo   *konkretisiert* ❖ Folgen

la parte más	*importante*	del texto es la tercera;	*wichtig*
	interesante		*interessant*
		en ella	el autor ...
		en esta parte	

en la tercera parte el autor	*analiza*	el problema	*analysiert*
	examina		*untersucht*
	expone		*trägt vor*
		principal	Haupt...
		central	
		más *importante*	*wichtig*

3.8. Conclusión (f.)   *Schlußteil/Schlußfolgerung*

la tercera parte	*contiene* la	*beinhaltet*
	sirve de	*dient als*
	se puede considerar como	*kann betrachtet werden*
	puede ser considerada como	*kann betrachtet werden*
		conclusión	

en la parte final el autor		
	saca las consecuencias de las afirmaciones que ha hecho anteriormente	zieht die Schlußfolgerungen Behauptungen vorher
	hace una síntesis de lo tratado en la parte principal	Synthese von dem, was er in dem Hauptteil behandelt hat

el autor concluye el texto		zum Abschluß (wört. beendet den Text, indem ...)
	invitando al lector a que saque él mismo las consecuencias	fordert der Verfasser den Leser auf, selbst die Konsequenzen zu ziehen
	justificando el título provocativo con que ha abierto el texto	begründet die provokatorische Überschrift, mit der er den Text begonnen/eingeleitet hat

en la conclusión	vemos	la actitud	del autor	Haltung
	se deja ver	la intención		läßt sich die Absicht er-
	se entreve			kennen ❖ durch-
				schaut man

en la tercera parte el autor	formula	la conclusión	formuliert
	deduce		leitet ab

en la	última parte	el autor	resume	faßt zusammen
	parte final		recapitula	rekapituliert
			sintetiza	synthetisiert
	lo que ha	expuesto	anteriormente	vorgetragen ❖ vorher
		explicado		erklärt

la parte final es	una síntesis	del texto	Zusammenfassung/Synthese
	un breve resumen		kurze Zusammenfassung

3.9. Pasaje (m.) de transición   *Übergangsteil*

el párrafo 4	es	
la tercera parte	constituye	stellt dar
	se puede cosiderar como	kann betrachtet werden
	un pasaje de transición	

el autor *pasa*	*de una idea a otra*		geht von einem Gedanken
	de un tema a otro		zu dem anderen
mediante	un pasaje de transición		mittels
por medio de			mit Hilfe

en la tercera parte el autor	*abre*	un *paréntesis*	öffnet ❖ Klammer/Pa-
	hace		renthese
para	*explicar*	algo	erklären
	aclarar		verdeutlichen

en el paréntesis el autor	*nos comunica*		teilt uns mit
	adelanta		nimmt vorweg
	nos da a conocer		gibt uns bekannt
	informaciones	*necesarios/as*	Auskünfte ❖ not-
	elementos	*imprescindibles*	wendig ❖ Einzel-
		importantes	heiten ❖ unerläß-
		esenciales	lich ❖ wichtig
		de suma importancia	wesentlich ❖ sehr
para poder	comprender	algo	wichtig
	entender	lo que va da decir	
		lo que quiere *exponer*	darlegen
		lo que quiere *hacer ver*	verdeutlichen
		lo que quiere *demostrar*	beweisen
		lo que *sigue*	folgt

4. Textos informativos (generalidades)
informative Texte

4.1. Hecho (m.)   *Tatsache*

acontecimiento (m.), *suceso* (m.), *incidente* (m.)   **Ereignis** ❖ **Geschehen** ❖ **Vorfall**

el autor	informa pone al corriente da cuenta da razón	de un acontecimiento de un suceso de un hecho	*informiert* *unterrichtet* *gibt Auskunft*

lo afirmado lo expuesto lo que el autor afirma	por el autor	es un hecho	*das Behauptete* *das Dargestellte*
		indiscutible incontrovertible evidente que está *fuera de duda*	*unbestreitbar* *unwiderlegbar* *klar/offenkundig* *außer Zweifel*

el autor nos da una información		detallada precisa exacta	*ausführlich* *genau* *exakt*
	de sobre a cerca de	un acontecimiento un suceso	 *über*

un suceso un acontecimiento un incidente	deplorable lamentable de consecuencias incalculables de mucha trascendencia	*bedauerlich* *beklagenswert* *mit unabsehbaren Folgen* *von sehr großer Bedeutung*

el autor	da concede atribuye asigna	una *gran importancia* una importancia	 enorme especial	*große Bedeutung* *mißt bei* *erkennt* *gibt*
		a un acontecimiento a un suceso		

el autor	recalca	la importancia	de algo	hebt hervor
	acentúa	el alcance		betont ❖ Tragweite
	subraya	la trascendencia		unterstreicht ❖ Wichtigkeit
	insiste en			weist eindringlich hin

afrontar	un hecho	sich stellen
enfrentarse con	la realidad	sich mit der Wirklichkeit auseinandersetzen

4.2. Pormenor (m.)   *Einzelheit*

el autor nos	relata	un suceso	berichtet über ❖ Ereignis
	cuenta	un incidente	Vorfall
	narra		erzählt
	refiere		schildert
	con todos sus pormenores		
	muy detalladamente		sehr ausführlich
	con todo detalle		

los pormenores	contribuyen a	aclarar	tragen bei ❖ erläutern
	ayudan a	esclarecer	helfen ❖ erhellen
		un asunto	Frage
		un problema	Problem
		un enigma	Rätsel

el autor	no entra en	pormenores	berichtet nicht ausführlich
	no nombra		nennt nicht
	evita los		vermeidet
	desconoce los		kennt nicht

el autor	pormenoriza	berichtet über Einzelheiten
	se extiende en pormenores	zählt in allen Einzelheiten auf

4.3. Cuestión (f.)   *Frage*

asunto (m.), *tema* (m.), *problema* (m.)   **Sache ❖ Thema ❖ Problem**

un problema	humano	menschlich
	político	politisch
	económico	wirtschaftlich
	social	sozial

el autor	examina	una cuestión	untersucht
	reflexiona sobre	un asunto	denkt nach
	aborda	un problema	schneidet an
		difícil	
		complicada/o	heikel
		problemática/o	problematisch
		vital	lebenswichtig
		conflictiva/o	konfliktreich

el autor	afronta	un problema	stellt sich
	expone	una cuestión	stellt dar
	plantea		wirft auf
	analiza		untersucht

el autor	expone	las/los distintas/os	verschieden
	analiza	cada uno de los/de las	
	detalla	todos y cada uno de los/las	beschreibt ausführlich
	facetas	de un problema	Seiten
	aspectos		Aspekte
	componentes		Seiten/Komponenten

4.4. Digresión (f.)   *Abschweifung*

una *divagación*   **Abschweifung**

el autor hace una digresión	pertinente	angebracht
	necesaria	notwendig
	oportuna	zutreffend

el	segundo *párrafo*	es una	digresión	Absatz
	párrafo *siguiente*		divagación	folgend
	que *sigue*			folgt
	superflua			überflüssig
	innecesaria			unnötig

el autor *evita*	digresiones	*innecesarias*	meidet ❖ unnötige
	divagaciones		

5. Textos periodísticos *Zeitungstexte*

5.1. Generalidades (f.p.) *Allgemeines*

los *medios de comunicación social*	**Massenmedien**
la *prensa*	**Presse**
la *radio*	**Rundfunk**
la *televisión*	**Fernsehen**
la *prensa sensacionalista*	**Sensationspresse/Regenbogenpresse**
las *columnas*	**Spalten**

la prensa	*refleja*	la opinión pública	*spiegelt wider*
	hace patente		*bringt an den Tag*
	influye en		*beeinflußt*
	ejerce influencia en		*übt/hat Einfluß auf*

el *periodista*	trabaja	en	un *periódico*	*Journalist* ❖ *Zeitung*
	escribe	para	un *diario*	*Tageszeitung*
			una *revista*	*Zeitschrift*
			un *semanario*	*Wochenzeitung/Wochenblatt*

un artículo *ha sido*	publicado	*ist veröffentlicht worden*
	editado	*veröffentlicht*
en un periódico		
en el *ABC*		*(spanische Zeitung)*
en una revista		
en la revista *HOLA*		*(spanische Zeitschrift)*
en una *revista juvenil*		*Jugendzeitschrift*

5.2. Noticia (f.) *Nachricht*

suceso (m.), *novedad* (f.)	**Ereignis** ❖ **Neuheit/Neuigkeit**

propagar	una noticia	*verbreiten*
difundir	una *información*	*bekannt machen* ❖ *Information*
divulgar	un suceso	*bekannt machen*
	una novedad	

estructura de la noticia:	Struktur/Aufbau der Nachricht/Meldung
• título	Schlagzeile
• lead o encabezamiento	Vorspann
• cuerpo de la noticia	eigentliche Nachricht/Meldung

el lead ha sido	escrito	en negrita	halbfett gedruckt
	impreso	en negrilla	gedruckt ❖ fett
		en cursiva	kursiv

las *noticias* que	aparecen	en un diario	Nachrichten ❖ erscheinen
	se publican	en un periódico	veröffentlicht werden
		en una revista	
son el *resultado* de			Ergebnis
	una *selección*	que	Auswahl
	una *valoración*		Wertung
lleva/n *a cabo*	el periodista		trifft
realiza/n	los *responsables* de la redacción		vornimmt ❖ verantwort- lich

el periodista	cuenta	lo sucedido	die Ereignisse
	relata	los hechos	berichtet über
		objetivamente	objektiv
		sin tomar posición	Stellung beziehen

el periodista	organiza	la noticia *de acuerdo con*	gestaltet ❖ gemäß
	ambienta		gestaltet
	ensancha		erweitert
	minimiza		bagatellisiert/spielt herunter ❖ ändert ab
	modifica		
	modula		ändert leicht ab
	la *ideología* de su periódico		Ideologie/politische Haltung
	el *talante*		Weltanschauung
	la *línea*		Richtung

el periodista	informa sobre	la *actualidad*	informiert ❖ aktuelles Ereignis/ Geschehen ❖ deutet
	interpreta		
	comenta		kommentiert

| el periodista | pretende <br> intenta <br> se ha propuesto <br> da a conocer los hechos sin | ser objetivo | versucht ❖ objektiv <br> beabsichtigt <br> vorgenommen <br> gibt bekannt |
| | añadir <br> agregar | ningún comentario <br> comentario de ningún tipo | hinzufügen ❖ Kommentar <br> hinzufügen ❖ Art |

5.3. Titulares (m.p.)   *Überschriften/Schlagzeilen*

| el titular <br> el título | alude a <br> sugiere <br> constituye una especie de resumen <br> de la noticia <br> pretende dar lo esencial de los <br> hechos | la noticia de una manera <br> concentrada | weist hin <br> konzentriert ❖ weist hin auf <br> ist eine Art ...

 beabsichtigt, das Wesentliche <br> wiederzugeben |

| el titular | es una llamada al lector | | Appell ❖ versucht |
| | pretende | llamar la atención de <br> herir la sensibilidad de <br> estimular a <br> provocar a | el lector | die Aufmerksamkeit <br> erregen ❖ reizen <br> stimulieren/reizen <br> herausfordern |

| el titular tiene | como objeto <br> como fin | primordial <br> principal | | als Hauptanliegen <br> als Hauptziel |
| | captar <br> atraer <br> cautivar <br> ganarse | la atención <br> el interés | del lector | gewinnen ❖ Aufmerksamkeit <br> wecken ❖ Interesse <br> gewinnen <br> gewinnen |

5.4. Pies (m.p.) de fotos   *Begleittexte zu Fotografien*

| la fotografía | va acompañada

 va seguida | de un texto <br> muy breve | ein Text begleitet <br> das Foto <br> steht unter |

| el pie de la foto | interpreta <br> falsifica <br> falsea | la realidad <br> los hechos | deutet <br> verfälscht <br> entstellt |

el pie de foto	explica		erklärt
	precisa elementos de		präzisiert/macht deutlich
	da claves para interpretar		gibt Interpretationshilfen
	la imagen		Bild
	lo que reproduce		wiedergibt/darstellt

el pie de la foto	hace que	el lector	trägt dazu bei
	induce a que		verleitet dazu
vea en la imagen	algo		
se imagine			sich vorstellt
que no corresponde a	la realidad		nicht entspricht
que no tiene que ver con			nicht zu tun hat

5.5. Comentario (m.) *Kommentar*

comentar	detalladamente	algo	detailliert
	ampliamente		ausführlich
	con profusión de detalles		sehr ausführlich/umfassend

en el artículo, el autor comenta	un suceso	Ereignis
	una noticia	Nachricht/Meldung
	un hecho	Geschehen
	una decisión	Entscheidung

el comentarista trata de	profundizar en	versucht ❖ eindringen in
	analizar	analysieren
	elaborar	erarbeiten
	hacer un análisis de	untersuchen/nachgehen
	una cuestión	Frage
	los hechos	Geschehen/Vorfälle
	un problema	Problem

el comentarista	expone su opinión personal	gibt ab ❖ Meinung
	interpreta	objetivamente	deutet ❖ objektiv
		imparcialmente	unvoreingenommen
		subjetivamente	einseitig/subjektiv
		tendenciosamente	tendenziös/einseitig
		los hechos	

el autor del comentario	*trata* de	*versucht*
	intenta	*beabsichtigt*
	se esfuerza en	*ist bemüht*
	tiene mucho cuidado en	*ist sehr bemüht*
	presentar objetivamente algo	*vorstellen*
	analizar	*analysieren*
	examinar	*untersuchen*

el autor	*toma posición*	*nimmt Stellung*
	se abstiene de tomar posición	*verzichtet*

5.6. Editorial (m.)   *Leitartikel*

el autor del editorial	*hace una exposición*	*gibt eine Darstellung*
	da una *explicación*	*Erklärung*
	analiza las *causas*	*untersucht* ❖ *Ursachen*
	de los hechos	
	de *lo sucedido*	*Vorfall*

el autor del editorial	*interpreta la actualidad*	*deutet das aktuelle Geschehen*
	toma posición en un	*nimmt Stellung*
	sentido	*Richtung*

6. Textos publicitarios — *Werbetexte*

6.1. Generalidades (f.p.) — *Allgemeines*

la *publicidad*	Werbung
un *anuncio*	Anzeige
el *comprador*	Käufer
el *cliente*	Kunde
el *consumo*	Konsum
el *consumidor*	Konsument/Verbraucher
la *sociedad de consumo*	Konsumgesellschaft
la *sociedad del despilfarro*	Wegwerfgesellschaft
la *invasión publicitaria*	Werbefeldzug
un *producto*	Produkt/Ware
un *artículo*	Ware/Artikel

un texto	publicitario	
un *eslogan*		Schlagwort/Slogan
un slogan		

el texto publicitario	*anuncia*	wirbt für
	informa sobre	informiert über
	el *precio* de un artículo	Preis
	la *calidad* de un producto	Qualität
	la *utilidad* de una *mercancía*	Nützlichkeit ❖ Ware

la publicidad es uno de	los *impulsores*	treibende Kräfte
	los *motores* impulsores	Motoren
	del comsumo	
	da la *actitud consumista*	Konsumhaltung

6.2. Intención del texto publicitario — *Absicht/Intention*

el *fin*	*primordial*	de la publicidad		Hauptziel/Hauptanliegen
	principal	de los textos publicitarios		Grundziel
	más *importante*			wichtig
		es *vender* un	producto	verkaufen
		es la *venta* de un		Verkauf
		es la *comercialización* de un		Vermarktung

el texto publicitario	*tiene como objeto*		hat als Ziel
la publicidad	*pretende*		beabsichtigt
el mensaje publicitario	*se propone*		will/nimmt sich vor
la propaganda	*tiene como fin*		hat als Ziel
	crear	*necesidades*	wecken ❖ Bedürfnisse
	hacer surgir	*apetencias*	entstehen lassen
		deseos	Begehren
	en los lectores		Wünsche
	en los posibles	*clientes*	Kunden
		compradores	Käufer

la publicidad	*se propone*		nimmt sich vor
el texto publicitario	*pretende*		beabsichtigt
la propaganda			
	manipular	el *comportamiento* de los	Verhalten
	ejercer influencia en	la *actuación* de los	beeinflussen ❖ Beneh-
		la *conducta* de los	men ❖ Verhalten
	posibles	*compradores*	Käufer
	futuros	*clientes*	zukünftig ❖ Kunden

la publicidad	*incita*	al consumidor a que	treibt an/regt an
	estimula		reizt
	impele		drängt
	compre	un *producto*	Produkt
	adquiera	un *artículo*	erwirbt ❖ Artikel
		una *mercancía*	Ware

el texto publicitario *crea la ilusión*	läßt die Illusion entstehen
de que el producto *anunciado* es *único*	angepriesen ❖ einmalig
de que las *ventajas* del producto	Vorteile
anunciado son *irrepetibles*	einzigartig

6.3. Recursos psicológicos | *psychologische Mittel*

manipulación	del *subconsciente*	del consumidor	Manipulation ❖ Unterbewußt-
	de los *deseos*		sein ❖ Wünsche/Verlangen
	de las *apetencias*		Begehren
	de los *anhelos*		Sehnsüchte

el anuncio	quiere	crear		wecken
el mensaje publicitario		hacer nacer		entstehen lassen
		originar		wecken ❖ Bedürfnisse
necesidades	superfluas		en el receptor	überflüssig ❖ Leser
apetencias	artificiales			Bedürfnisse ❖ künstlich
	innecesarias			unnötig

la publicidad	crea	necesidades	
	origina	apetencias	
	hace nacer		
	que luego pretende	satisfacer	versucht ❖ befriedigen
	para luego poderlas	colmar	zufriedenstellen

la visión	del mundo	que nos da el anuncio es	Weltbild
	de la vida		Lebensbild
	parcial		einseitig
	incompleta		unvollständig

todo texto publicitario nos	muestra		zeigt
	presenta		stellt dar
	un mundo	ideal	idealistisch
		ilusorio	illusorisch
		imaginario	träumerisch
		irreal	unrealistisch

el anuncio presenta	la felicidad	como algo que	Glück
	la dicha		Freude
	el bienestar		Seligkeit/Wonne/Wohl
	se deriva	directamente del	producto	sich ableitet
	proviene		artículo	hervorgeht
	emana			entspringt
		que anuncia	anpreist
		que ofrece	anbietet
		que quiere comercializar	vermarkten

el anuncio	se dirige	a un receptor	richtet sich ❖ Adressat
	va dirigido		ist gerichtet
	aparentemente individual		scheinbar
	colectivizado		kollektiviert

la publicidad	aprovecha	determinadas ideas	nutzt ❖ bestimmt
	se aprovecha de		macht sich zunutze
I que la sociedad	actual	considera como	Gesellschaft ❖ betrach-
	moderna	tiene por	tet als ❖ hält für
	verdaderos valores:	la potencia	wahr ❖ Werte ❖ Lei-
		el poder	stungsstärke ❖ Macht
		la fuerza	Stärke
		el dinamismo	Dynamik
		la vitalidad	Vitalität
		la belleza física	körperliche Schönheit

el anuncio	halaga al receptor		schmeicheln
	satisface	el deseo	befriedigt ❖ Wunsch
	pretende satisfacer	el afán	versucht ❖ Begehren
I del receptor de	destacar		herausragen
	individualizarse		seine Individualität betonen
	ser más que	los otros	mehr als die anderen sein
		los demás	die andere
	poseer algo que lo haga		etwas zu besitzen, was ihn
	distinto de	los otros	von den anderen
		los demás	unterscheidet

el mensaje publicitario intenta	despertar	versucht ❖ wecken
	originar	hervorrufen
	hacer nacer	entstehen lassen
I sentimientos de	felicidad	Gefühle ❖ Glück
	dicha	Glückseligkeit
	placer	Vergnügen
	vanidad	Eitelkeit
	ambición	Ehrgeiz
	presunción	Prahlerei
	efectividad	Wirksamkeit
	erotismo	Erotik

el texto publicitario	se sirve de	a menudo	bedient sich
	pulsa	con frecuencia	macht sich zunutze
	emplea	frecuentemente	wendet an
	utiliza		setzt ein
el *resorte* emocional	del sexo para	*azuzar*	Mittel ❖ antreiben
el *recurso* emotivo		*estimular*	Mittel ❖ anregen
		despertar	wecken
		avivar	anfachen/anreizen
el *deseo*	consumista	de los *ciudadanos*	Wunsch ❖ Bürger
la *propensión*		de los *clientes*	Drang ❖ Kunden
el *instinto*			Trieb
la *inclinación*			Neigung

6.4. Caracteres lingüísticos del texto publicitario *sprachliche Merkmale*

| el anuncio | usa | el lenguaje del *posible cliente* | verwendet ❖ potentiell |
| | emplea | palabras *memorizables* | Kunde ❖ leicht einprägsame |

| el adjetivo *se usa* | en grado superlativo | wird im Superlativ/in der Steigerungsform |
| | en grado comparativo sin que aparezca el segundo elemento | gebraucht ❖ im Komparativ gebraucht, ohne daß das Vergleichsobjekt erscheint |

el mensaje publicitario no tiene un		*carácter*	Charakter
		fin	Ziel
	estético, artístico,	sino *pragmático*	ästhetisch ❖ pragmatisch künstlerisch

las *palabras clave*	se destacan/a tipográficamente	Schlüsselwörter ❖ heben sich ab durch die Art des Schriftbildes
la *marca*		Marke/Produktname
el *slogan*		Slogan/Werbespruch

en el texto publicitario	se *suprimen*/e	entfallen
	se *prescinde de*	wird verzichtet auf
los *elementos que tienen poco contenido*		Sprachelemente mit geringer Aussagekraft ❖ Präpositionen
las *preposiciones*		
el *verbo ser*		Verb «ser»

| el slogan | contiene | una *afirmación categórica* | beinhaltet ❖ kategorisch |
| | encierra | | Behauptung ❖ enthält |

Las *formas verbales* más *empleadas* en
el anuncio son   *Verbformen* ❖ *verwendet*

    las del *imperativo*   *Imperativ*

    las *formas con modalidad exhortativa*   *Formen mit Aufforderungscharakter*

que	incitan	a la *compra*	antreiben ❖ Kauf
	estimulan		stimulieren
	impelen		drängen/bewegen

en el mensaje publicitario	domina	herrscht vor/überwiegt
	abunda	ist reichlich vorhanden
el *estilo nominal*		nominaler Stil
la *coordinación*		Zuordnung
la *yuxtaposición*		Aneinanderreihung

7. Textos argumentativos (m.p.)
argumentative Texte

7.1. Argumentación (f.)   *Beweisführung*

razonamiento (m.), *raciocinio* (m.)   **Gedankengang** ❖ **Überlegung**

una argumentación un raciocinio	*lógica/o* *convincente* *persuasiva/o* *concluyente* *apodíctica/o* *inductiva/o* *deductiva/o*	logisch überzeugend einsichtig schlüssig unwiderleglich induktiv deduktiv	
una argumentación	*satisface* *convence*	stellt zufrieden überzeugt	
una argumentación	*se apoya en* *se basa en*	*supuestos* *conjeturas* *presupuestos*	stützt sich auf ❖ Annahmen basiert auf ❖ Vermutungen Voraussetzungen
		insostenibles *inadmisibles* *falsos*	unhaltbar unzulässig/unannehmbar falsch

7.2. Argumento (m.)   *Argument*

razón (f.), *prueba* (f.)   **Grund** ❖ **Beweis**

un argumento una razón una prueba	*serio/a* *convincente* *persuasivo/a* *irrefutable* *concluyente* *poco convincente* *discutible* *endeble*	ernst überzeugend überzeugend unwiderlegbar schlüssig wenig überzeugend anfechtbar schwach

el autor	argumenta arguye raciocina	en pro de en contra de	una *tesis* una *teoría* una *proposición* un *proyecto*	argumentiert ❖ These argumentiert ❖ Theorie urteilt ❖ Vorschlag Projekt

el autor	*expone* *aduce* *formula* *acumula* *aglomera*	argumentos pruebas	para *demostrar*		trägt vor ❖ beweisen bringt vor/führt an formuliert sammelt/trägt zusammen häuft an
	la *necesidad* la *urgencia*	de una reforma de una reestructuración de un *cambio*		radical	Notwendigkeit Dringlichkeit Wechsel

el autor	*prueba* *demuestra*	que ... (+ indic.)	beweist zeigt auf

7.3. Tipos de argumentos   *Art von Argumenten*

los argumentos	*empleado*s *aducidos*	por el autor en el *artículo* en el texto		angewandt angeführt ❖ Artikel
son	exclusivamente en su mayor parte en parte casi todos	de orden	psicológico sociológico económico moral político	ausschließlich ❖ Art/Natur psychologisch ❖ größtenteils soziologisch ❖ teilweise wirtschaftlich ❖ moralisch politisch

el autor	del artículo del texto	*aduce* *emplea*		führt an wendet an
	argumentos de *índole*	sentimental patético		Art ❖ gefühlsbetont pathetisch

los argumentos están	dispuestos en ordenados en ascendente descendente	gradación progresión	die Argumente sind an- geordnet in steigen- der/fallender Wertigkeit

cimiento (m.), *base* (f.), *justificación* (f.)   **Grundlage** ❖ **Grund** ❖ **Nachweis**

para	*basar*	su argumento		*begründen*
	apoyar	su *afirmación*		*stützen* ❖ *Behauptung*
	confirmar	lo que ha	formulado	*bekräftigen*
	fundamentar		*expuesto*	*begründen* ❖ *darlegt*
	dar solidez a			*untermauern*
	el autor	*cita*	algunos *ejemplos*	*zitiert* ❖ *Beispiele*
		menciona		*erwähnt*
		nombra		*nennt*

el autor	*se apoya en*	una *autoridad reconocida*	*stützt sich auf* ❖ *Autori-*
	invoca		*tät* ❖ *anerkannt* ❖ *be-*
	cita		*ruft sich auf* ❖ *zitiert*

los argumentos del autor	*se basan*		*fußen*
	se apoyan		*stützen sich*
en una *teoría conocida*			*Theorie* ❖ *bekannt*
en la *opinión* de	un *científico*		*Meinung* ❖ *Wissenschaftler*
	un *filósofo*		*Philosoph*
	un *erudito*		*Gelehrter*

una hipótesis	*descansa*	en *cimientos*	*beruht* ❖ *Grundlage*
	se basa		*fußt/gründet sich*
	está basada		*ist gegründet*
	sólidos		*solide*
	firmes		*fest*
	débiles		*schwach*
	deleznables		*erschütterbar*
	de *poca consistencia*		*wenig tragfähig*
	poco consistentes		*unhaltbar*

asentar	una teoría	en	una *base*	*aufstellen* ❖ *Basis*
fundamentar		sobre		*stützen*
			sólidamente	*cimentada*	*fest* ❖ *verankert*
			bien	

cimentar sólidamente	una teoría	verankern
	una hipótesis	
	una *afirmación*	Feststellung
	un *aserto*	Behauptung

el autor	*sienta*	como principio una *doctrina*	legt zugrunde ❖ Lehre
	establece		legt zugrunde
	parte de una doctrina		geht aus

7.5. Punto de partida   *Ausgangspunkt*

base (f.), *presupuesto* (m.)   **Grundlage** ❖ **Voraussetzung**

una *idea*	*constituye*		Gedanke ❖ ist
un *principio*	*se convierte en*		Prinzip ❖ wird zu
una *experiencia vivida*			gemachte Erfahrung
una *anécdota*			Anekdote
un *proverbio*			Sprichwort
el punto de partida	de la *argumentación*	del autor	Argumentation
la base	del *raciocinio*		Beweisführung

una prueba	*se basa* en	*supuestos*	fußt ❖ Annahmen
un argumento	*está fundada*/o en	*premisas*	basiert ❖ Prämissen
	insostenibles		unhaltbar
	inadmisibles		unzulässig/unannehmbar
	inaceptables		unannehmbar

yo considero	totalmente	*necesario*	ich halte als ❖ absolut notwendig
yo *estimo*	completamente	*indispensable*	betrachte als ❖ völlig ❖ unent-
yo *juzgo*		*imprescindible*	behrlich ❖ beurteile als unerläß-
	de suma necesidad		lich ❖ unbedingt erforderlich
poner en duda		el *principio*	in Frage stellen ❖ Prinzip
reflexionar	sobre	la *afirmación*	nachdenken ❖ Behauptung
pensar		el *aserto*	überdenken ❖ Aussage
recapacitar			überlegen
discutir			diskutieren
	del/de la que *parte* el autor		ausgeht

el autor	pone en duda	una *afirmación*	stellt in Frage ❖ Behauptung
	refuta	una *prueba*	widerlegt ❖ Beweis
	rebate	un punto de partida	bestreitet

7.6. Tesis (f.)   *These*

afirmación (f.), *aserción* (f.)   **Behauptung** ❖ **Feststellung**

una tesis	*plausible*	einleuchtend
una afirmación	*convincente*	überzeugend
	verosímil	glaubhaft
	inverosímil	unwahrscheinlich
	irrefutable	unwiderlegbar
	insostenible	unhaltbar

formular	una tesis	formulieren
defender		verteidigen
exponer		vortragen
probar		beweisen
combatir		angreifen
refutar		widerlegen
impugnar		bestreiten

el autor	quiere	*demostrar*	que ... (+ indic.)	beweisen
	intenta	*probar*		versucht ❖ beweisen

7.7. Silogismo (m.)   *Syllogismus*

una *argumentación silogística*   syllogistische Argumentation
un *raciocinio* silogístico   Beweisführung

una *premisa* contiene una verdad	*incontrovertible*	Prämisse ❖ nicht an-
	incontestable	fechtbar ❖ unbestreitbar
	irrebatible	unwiderleglich
	irrefutable	unwiderlegbar
	indisputable	unanfechtbar
	incuestionable	unbestreitbar

el autor	*emplea* *se sirve* de *utiliza*	una argumentación silogística	*wendet an* *bedient sich* *gebraucht*

| lo que el autor | *deduce* en
concluye en | su argumentación
su raciocinio | *leitet ab*
folgert |
| | no está *contenido* en
no se infiere de
no está en *conformidad* con | las *premisas* | *beinhaltet* ❖ *Prämissen*
geht nicht hervor
Übereinstimmung |

7.8. Objeción (f.)   *Einwand*

observación (f.), reparo (m.), réplica (f.)   **Bemerkung** ❖ **Bedenken** ❖ **Erwiderung**

| una objeción es | un argumento
una *razón*
una *observación* | contra | | |
| | | la *propuesta*
la *tesis*
la *opinión* | de alguien | *Grund*
Bemerkung
Vorschlag
These
Meinung |

objetar *poner* *hacer*	*objeciones*	contra a	alguien algo	*einwenden* *Einwände erheben* *erheben*

presentar *formular* *exteriorizar*	una objeción una réplica un reparo	*vorbringen* *formulieren* *äußern*

| una objeción | *oportuna*
inoportuna
importante
de peso
ridícula
absurda
difícil de | | *angebracht*
unangebracht
wichtig
schwerwiegend
lächerlich
absurd |
| | | *rebatir*
refutar
impugnar | *widerlegen*
zurückweisen
entkräften |

el autor	se anticipa a	una objeción	kommt zuvor
	previene		greift vor
	prevé		sieht voraus

en el texto	se hacen	objeciones	contra alguien	werden Einwände erhoben
	se ponen		contra algo	
	se objeta			wird eingewandt

7.9. Refutación (f.)   *Widerlegung*

impugnación (f.), *réplica* (f.)   **Zurückweisung/Einwand ❖ Erwiderung**

el autor	refuta	con argumentos	*contundentes*	widerlegt ❖ schlagend
	impugna		*persuasivos*	weist zurück ❖ überzeugend
	rebate		*decisivos*	weist zurück ❖ entscheidend
			irrefutables	unwiderlegbar
		la *tesis adversa*		Gegenthese
		una *objeción*		Einwand

el autor	responde a	posibles objeciones	antwortet
	replica a		erwidert
	se anticipa a		kommt zuvor
	se adelanta a		nimmt vorweg
		diciendo	que ... (+ indic.)	indem er sagt
		aclarando		erklärt
		observando		bemerkt

mediante	una *cuestión retórica* que		mittels ❖ rhetorische Frage
por medio de			mittels
con la ayuda de			mit Hilfe
	se encuentra	en las líneas ...	el autor	sich befindet
	aparece	en la tercera parte		auftaucht
		pretende	*inmunizarse* contra	will ❖ sich schützen
		procura	eliminar	versucht ❖ beseitigen
		intenta	aniquilar	beabsichtigt ❖ zunichte ma-
		salir al paso de		chen ❖ vorbeugen gegen
			posibles objeciones	
			eventuales *réplicas*	Erwiderungen

las posibles objeciones *son*	*replicadas*	werden widerlegt
	rebatidas	werden zurückgewiesen
	por adelantado	im voraus
	de antemano	von vornherein

7.10. Conclusión (f.)   *Schlußfolgerung*

consecuencia (f.), *resultado* (m.)   **Ergebnis/Konsequenz** ❖ **Folgerung/Ableitung**

el autor	*deduce*	la conclusión de	leitet ab
	saca		zieht
		su *argumentación*	Argumentation
		lo que ha *expuesto*	vorgetragen

| el autor | *deduce* | una *consecuencia* | zieht ❖ Konsequenz |
| | *saca* | | zieht |

una consecuencia	*se deduce*	de algo	leitet sich ab
	se deriva		leitet sich her
	se sigue		folgt

| el autor | *llega a* | una conclusión | kommt zu |
| | *saca* | | leitet ab |

68

8. Causalidad y consecuencia
Ursache und Wirkung

8.1. Causa (f.) *Ursache*

motivo (m.), *razón* (f.), *móvil* (m.)	Motiv/Anlaß ❖ Grund ❖ Ursache/Motor
por ...	wegen
a causa de ...	aufgrund von
por causa de ...	aufgrund von
a consecuencia de ...	als Folge von

causa	*principal*	wesentlich/Haupt...
	real	tatsächlich
	latente	verborgen
	aparente	scheinbar
	mediata	mittelbar
	inmediata	unmittelbar

conocer	la causa de algo	kennen
saber		wissen
conjeturar		vermuten
nombrar		nennen

la causa de algo	*está* en ...	ist
	se halla en ...	ist zu finden

causar	algo	verursachen
motivar		veranlassen
originar		hervorrufen
ser la causa de		

esta es	la causa	por la que/el que ...	
	el motivo	por la cual/el cual ...	
	la razón	que *explica* ...	erklärt

traer consigo	mit sich bringen
llevar consigo	
conllevar	

causa (f.), *móvil* (m.) Ursache ❖ Beweggrund

| el motivo | que *explica* | algo | erklärt |
| | que *ha llevado* a alguien a hacer | | dazu geführt hat |

estos son los motivos que	*inducen* *llevan*	a alguien *a*	verleiten dazu bringen
	comportarse	de una *manera determinada*	sich benehmen ❖ Weise
	proceder	de un *modo determinado*	bestimmt ❖ sich verhalten
	conducirse		sich betragen
	portarse		sich benehmen
	reaccionar		reagieren

| algo | *se debe a* *es debido a* | algo | kommt von ist die Folge von |

el *error*	*es debido* a	una *confusión*	Irrtum/Fehlschluß ❖ ist zurück- zuführen ❖ Verwechslung
	viene dado por	un *malentendido*	rührt her ❖ Mißverständnis
	es *originado* por		verursacht
	se deriva de		leitet sich her
	tiene su origen en		ist zurückzuführen

8.3. Factor (m.) *Faktor*

causa (f.), *elemento* (m.), *componente* (m.) Ursache ❖ Bestandteil ❖ Bestandteil

un factor	*importante*	wichtig
	decisivo	ausschlaggebend
	de peso	gewichtig/schwerwiegend
	definitivo	entscheidend

| los | *diferentes* *diversos* *distintos* | factores | que *intervienen* en que *determinan* | verschieden ❖ eintreten unterschiedlich ❖ beeinflussen /bestimmen ❖ unterschiedlich |
| | | el *curso* de | un *suceso* un *acontecimiento* | Verlauf ❖ Ereignis Geschehen |

tener en cuenta	el *alcance*	de un factor	*beachten* ❖ *Reichweite*
	la *importancia*		*Wichtigkeit*
	la *trascendencia*		*Tragweite*

| dar la *debida importancia* | a un factor | *gebührend* ❖ *Bedeutung* |
| dar la importancia que *corresponde* | | *zukommt* |

8.4. Consecuencia (f.) *Konsequenz/Folge*

resultado (m.), *efecto* (m.), *secuela* (f.)   **Ergebnis** ❖ **Wirkung** ❖ **Folgerung**

consiguientemente ...	*folglich*
por consiguiente ...	
por esto ...	
en consecuencia ...	
en conclusión ...	
de ahí que ... (+ subj.)	
de manera que ... (+ indic.)	
de modo	
de suerte	
así pues ...	
por lo tanto ...	
ergo ...	

algo	tiene	consecuencias	*graves*	*schwerwiegend*
	trae		*desagradables*	*bringt* ❖ *unangenehm*
	trae consigo		*inesperadas*	*unerwartet*
	conlleva		*imprevistas*	*hat zur Folge* ❖ *unvor-*
	acarrea		*inevitables*	*hergesehen* ❖ *verursacht*
			trágicas	*unausbleiblich* ❖ *tragisch*
			fatales	*verhängnisvoll*

estas son las	consecuencias	*necesarias*	que	*notwendig*
	secuelas	*inevitables*		*unvermeidlich*
		lógicas		*logisch*
		se derivan	de algo	*sich ableiten*
		provienen		*herkommen*
		resultan		*sich ergeben*
		se siguen		*folgen*

reflexionar	seriamente	sobre las consecuencias	überlegen ❖ ernstlich
	detenidamente		gründlich
que pueden	provenir	de un hecho	herkommen ❖ Sachlage
	derivarse		sich ableiten

aceptar	libremente	annehmen ❖ frei
asumir	plenamente	billigen ❖ ganz
hacerse responsable (de)	totalmente	die volle Haftung übernehmen
responsabilizarse (de)		
las consecuencias de sus	actos	Taten
	acciones	Handlungen

tener en cuenta	las posibles	implicaciones	beachten
no olvidar		connotaciones	nicht vergessen
reflexionar sobre			nachdenken
	de una	resolución	Entschluß
		decisión	Entscheidung
		afirmación	Behauptung
		acusación	Beschuldigung/Anschul-
		toma de posición	digung ❖ Stellungnahme

8.5. Efecto (m.)   *Wirkung*

consecuencia (f.), *resultado* (m.)   **Folge ❖ Ergebnis**

un efecto	extraordinario	außergewöhnlich
	sorprendente	überraschend
	espectacular	aufsehenerregend
	instantáneo	sofortig
	inesperado	unerwartet
	contraproducente	unzweckmäßig/negativ

| *surtir efecto* | Wirkung haben |

tener	como efecto
	como consecuencia
	como resultado

el efecto de	una *estrategia*	*no se deja esperar*	*Taktik* ❖ *läßt nicht auf sich*
	una *medida*		*warten* ❖ *Maßnahme*
		mucho	tiempo
		demasiado	

8.6. Resultado (m.)   *Ergebnis*

consecuencia (f.), *efecto* (m.)   Folge ❖ Wirkung

un resultado	*positivo*	*positiv*
	favorable	*günstig*
	satisfactorio	*befriedigend*
	formidable	*großartig*
	negativo	*negativ*
	lamentable	*bedauerlich*
	fatal	*verhängnisvoll*
	inesperado	*unerwartet*
	insospechado	*unvermutet*

pronosticar	un resultado	*voraussagen*
prever		*voraussehen*

llevar algo a buen	*término*	*zu einem guten Ende bringen*
	fin	

alcanzar	algo	*erreichen*
obtener		*erlangen*

analizar	*objetivamente*	los resultados	*analysieren* ❖ *sachlich*
examinar	*con calma*		*untersuchen* ❖ *in Ruhe*
comentar	*detenidamente*		*auslegen* ❖ *gründlich*
	de algo		

9. Textos narrativo-descriptivos
narrative/erzählende Texte

9.1. La acción   *Handlung*

9.1.1. El lugar de la acción   *Ort der Handlung*

el autor *indica*	el *lugar*	en que *se desenvuelve*	*gibt an* ❖ *Ort* ❖ *stattfindet*
	el *tiempo*	la acción	*Zeit*
	el *entorno*		*Schauplatz*

la acción	*tiene lugar*		*findet statt*
	transcurre		*spielt sich ab*
	se desenvuelve		*findet statt*
	en un *sitio*	*determinado*	*Ort* ❖ *bestimmt*
	en un lugar	indeterminado	*zur Zeit*
	en el Madrid	*de fin de siglo*	*der Jahrhundertwende*
		de nuestros días	*heutzutage*

el autor	*elige*	como *marco* de la acción	*wählt* ❖ *Rahmen*
	escoge		*wählt*
	encuadra la acción en		*umrahmt*
		la *plaza* de un pueblo	*Marktplatz*
		un *conocido barrio* de Barcelona	*bekannt* ❖ *Viertel*

el autor	*describe*	*detalladamente*	*beschreibt* ❖ *im einzelnen*
	presenta	*extensamente*	*zeigt* ❖ *ausführlich*
		sucintamente	*kurz*
		someramente	*flüchtig*
		sin pormenorizar mucho	*ohne genau zu beschreiben*
	l el lugar	de la acción	
		en el que se desarrolla	la acción
		se desenvuelve	

9.1.2. El movimiento de la acción

en el	movimiento	de la acción	se pueden
	desarrollo		es posible
	ver	tres fases	
	distinguir		
	apreciar		
	constatar		

Entwicklung
sehen/erkennen
unterscheiden
feststellen
feststellen/konstatieren

el *relato*	*presenta*	la *estructura* de un	breve	
	asume		corto	
	muestra			
l *drama* con sus	elementos	esenciales:		
	componentes			
exposición, nudo y *desenlace*				

Erzählung ❖ *zeigt* ❖ *Struktur*
übernimmt ❖ *kurz*
zeigt
Drama
Bestandteile
Exposition ❖ *Verwicklung*
    Lösung

los *aconteci-*	*se suceden*	*cronológicamente*
mientos	*se encadenan*	

Ereignisse folgen chro-
   nologisch aufeinander
verketten sich

9.1.3. La exposición

la primera parte	*constituye* la	exposición
	puede denominarse	
	es una especie de	

stellt dar
kann genannt werden
ist eine Art

la exposición	es	*larga*
la *parte introductoria*		*breve*
		amplia
		concisa

lang
einleitender Teil ❖ *kurz*
ausführlich
knapp/kurz gefaßt

en la	exposición	se nos *informa* sobre
	presentación	*se exponen*
		se nos da a conocer
l los hechos *indispensables* para		comprender
		entender
		seguir
	la *trama*	de la acción
	el *hilo*	

informiert
Exposition ❖ *erklärt*
macht uns vertraut mit
unerläßlich

folgen
Verwicklung
Verlauf

el autor	comienza	la *narración*	*dándonos*	Erzählung ❖ indem er uns
	empieza	el *relato*	*exponiéndo*nos	gibt ❖ Erzählung
	abre			erklärt ❖ eröffnet
	inicia			beginnt/leitet ein
	l las *indicaciones*	necesarias	para	Hinweise
		indispensables		unerläßlich
		imprescindibles		unentbehrlich
		que *hacen falta*		notwendig sind
		que *se precisan*		nötig sind
la *comprensión de*		el *desarrollo*	de la acción	Verständnis ❖ Entwick-
entender		el *hilo*		lung ❖ Verlauf
poder *seguir*				folgen

9.1.4. El nudo *Verwicklung*

en el segundo y tercer	*párrafo*	*encontramos*	Abschnitt ❖ finden wir
	capítulo	*aparece*	erscheint
		se halla	befindet sich
		se encuentra	befindet sich
	el nudo	de la acción	
	el *enredo*		Verwicklung/Intrige

la acción	*avanza*	*rápidamente*	schreitet fort ❖ schnell
	se desenvuelve	*lentamente*	kommt voran ❖ langsam
	se desarrolla	*con rapidez*	entwickelt sich ❖ rasch
		paso a paso	schrittweise/langsam

una *complicación*	*imprevista*	Verwicklung ❖ unvermutet
	imprevisible	nicht voraussehbar
	inesperada	unerwartet
	que no se podía *prever*	voraussehen
hace que aumente	la *expectación*	läßt steigern ❖ Erwartung
incrementa	la *tensión*	verstärkt ❖ Spannung
	el *interés*	Aufmerksamkeit
	la *curiosidad*	Neugierde

la *intriga*	se complica	Verwicklung/Intrige
	se enzarza	wird unüberschaubar
	se enmaraña	verwickelt sich
	se enreda	verstrickt sich

la *progresión*	de la acción es	rápido/a	Fortschreiten
el *desenvolvimiento*		lento/a	Verlauf/Entwicklung

el *interés*	del lector	*aumenta*	Interesse ❖ nimmt zu
la *expectación*		*crece*	Spannung ❖ wächst
la *curiosidad*		*se acrecienta*	Neugierde ❖ steigert sich
la *tensión*		*se incrementa*	Spannung ❖ wächst
	a medida que se complica la intriga		in dem Maße wie die Intrige sich kompliziert

la *situación*	*cambia*	*radicalmente*	Lage ❖ ändert sich von Grund auf
	se modifica	*totalmente*	ändert sich ❖ ganz
	se transforma	*enteramente*	wandelt sich ❖ völlig
		por completo	völlig

el *giro*	*inesperado*	*que toman*	Wendung ❖ unerwartet
el *rumbo*	*insospechado*		Richtung ❖ unvermutet
el *derrotero*	*imprevisto*		Lauf ❖ nicht voraussehbar
el *camino*			Weg
el *sesgo*			Verlauf
los *acontecimientos*	*sorprende*	*al lector*	Ereignisse ❖ überrascht
	asombra	*al auditorio*	setzt in Erstaunen ❖ Zuhörer ❖ erschüttert
	conmueve		
	desconcierta		macht verlegen

un *personaje*	*es el causante del*	*siniestro*	Person ❖ verschuldet ❖ Unglück
	tiene la culpa del		ist schuldig am
	ha originado el		hat verursacht
	es responsable del		trägt die Verantwortung

la *expectación*	*va aumentando*	*lentamente*	Spannung ❖ steigt
el *suspenso*	*va creciendo*	*poco a poco*	Spannung ❖ wächst
	va incrementándose	*línea a línea*	wächst ❖ Zeile für Zeile
	va acrecentándose		steigert sich

9.1.5. El desenlace   *Lösung/Ausgang*

un desenlace	*inesperado*	unerwartet
un *final*	*sorprendente*	Ende ❖ überraschend
	difícilmente previsible	schwer voraussehbar

un desenlace	trágico	tragisch
	dramático	dramatisch
	cómico	komisch/lustig
	feliz	glücklich
	lamentable	bedauerlich

el último capítulo *contiene* el desenlace   beinhaltet

en el último capítulo	se encuentra	el desenlace	befindet sich
	encontramos		finden wir
	se halla		ist/befindet sich

la intriga	finaliza	en el desenlace	endet
	desemboca		mündet

en los dos últimos *párrafos* | del texto   Abschnitte
en la parte final

	se encuentra	el desenlace	
	aparece		erscheint

el lector *espera* el desenlace con | interés | erwartet ❖ Interesse
| | expectación | Spannung

el desenlace	se retrasa	zieht sich hinaus
	se retarda	verzögert sich
	se precipita	kommt überstürzt
	se abalanza	kommt überstürzt
	era de prever	war vorauszusehen

en la tercera parte	se insinúa ya	man ahnt
en el párrafo 4	se deja entrever ya	läßt sich erahnen
	se vislumbra ya	man ahnt
	se adivina ya	man ahnt
	el desenlace	
	la catástrofe	tragischer Ausgang/Katastrophe

en el capítulo tercero ya *se anuncia*	el fin	wird angekündigt
	el desenlace	
	la catástrofe	

el desenlace	satisface	al lector	gefällt
	no satisface		
	provoca		provoziert

todo	acontece	con arreglo a un plan	geschieht ❖ gemäß ❖ Plan
	tiene lugar		findet statt
	sucede		läuft ab
		exactamente preconcebido	vorbedacht
		minucisamente elaborado	ausgearbeitet

después de	incalculables	peripecias	unberechenbar ❖ Zwischenfälle
	innumerables	esfuerzos	unzählig ❖ Anstrengungen
		trabajos	Strapazen
el propagonista	obtiene	lo que se ha	erreicht ❖ sich vorgenommen
el héroe	alcanza	propuesto	hat ❖ Held ❖ erlangt

9.2. Los personajes   *Personen*

9.2.1. Generalidades (f. p.)   *Allgemeines*

el personaje	central	del relato es ...	Hauptperson ❖ Erzählung
	principal		Hauptperson
	más importante		wichtigste Person

el personaje principal	se encuentra en		befindet sich
	se halla en		befindet sich
l una situación	complicada		Lage ❖ kompliziert
	difícil		schwierig

los personajes	que intervienen en		vorkommen/beteiligt sind
	que aparecen en		erscheinen
	de		
	esta historia	son ...	Geschichte
	esta narración		Erzählung
	esta escena		Szene

los *personajes secundarios*   Nebenfiguren

el resto de las las otras cuatro	personas que intervienen		der Rest/die übrigen
en la *acción* son	*personajes* *figuras*	secundarios/as	*Handlung* *Figuren*

9.2.2. El protagonista

el protagonista	*personifica* *encarna*	las *dificultades* los problemas las *desventajas* la *dureza de vida* la mala situación	*verkörpert* ❖ *Schwierigkeiten* *verkörpert* *Nachteile* *harte/schwierige Lebensbe-* *dingungen*
	del *grupo social*	de los *obreros* *indios* *desesperados* *parados* *desempleados* al que *pertenence*	*soziale Gruppe* ❖ *Arbeiter* *Indianer/Indios* *Hoffnungslosen* *Arbeitslosen* *Erwerbslosen* *angehört*

el protagonista	*se halla* *se encuentra* *se ve*	en una situación	*befindet sich* *befindet sich* *sieht sich*
	muy *extremamente* *demasiado*	*complicada* *intrincada* *difícil* *angustiosa*	*kompliziert* *äußerst* ❖ *verwickelt* *überaus* ❖ *schwierig* *beängstigend*

el protagonista está	*dispuesto* a *decidido* a	*enfrentarse con* *afrontar* *hacer frente a* *arrostrar*	*bereit* ❖ *die Stirn bieten* *entschieden* ❖ *ins Auge* *sehen* ❖ *die Stirn bieten* *trotzen*
un *problema* una *dificultad* *todo género de* dificultades	para	*alcanzar* *obtener* *lograr* *conseguir*	*Problem* ❖ *erreichen* *Schwierigkeit* ❖ *erlangen* *jegliche Art* ❖ *erlangen* *erreichen*
	algo un *fin* su *propósito* lo que se ha *propuesto*		*Ziel* *Absicht* *vorgenommen*

9.2.3. El antagonista — *Gegenspieler/Gegenfigur*

el antagonista	que *se opone* a		sich widersetzt
	que *entra en conflicto* con		in Konflikt gerät
el *personaje principal* es	Isidro		Hauptfigur
	su propio hermano		sein eigener Bruder

el antagonista	quiere	*impedir* que	vermeiden
	pretende		versucht
	se ha propuesto		hat sich vorgenommen
el protagonista	*obtenga*	su *cometido*	erreicht ❖ Vorhaben
	alcance	su *propósito*	erlangt ❖ Ziel
	consiga		erreicht

9.2.4. Otros personajes — *andere Personen*

en la acción	*intervienen*	cuatro personajes	sind beteiligt
	aparecen		erscheinen
	encontramos		finden wir

un personaje	*juega*	un *papel*	*importante*	spielt ❖ Rolle ❖ wichtig
	tiene		*secundario*	nimmt ein ❖ Nebenrolle
	desempeña			spielt
			en un *episodio*	Nebenhandlung
			en una *escena*	Szene

en la acción	*aparecen*	unos personajes		erscheinen
	vemos	*figuras*		Figuren
	encontramos			finden wir
que pudiéramos	*llamar*	*pasivos*/as		nennen ❖ passiv
que podríamos	*denominar*			nennen/bezeichnen

el narrador	*hace referencia* a	un personaje que		nimmt Bezug
	menciona a			erwähnt
	no *aparece*	en el *relato*		erscheint ❖ Erzählung
	aún no ha aparecido	en la *escena*		noch nicht ❖ Szene

9.2.5. Presentación (f.)/Descripción (f.) de los personajes
Einführung/Vorstellung/Beschreibung der Personen

el autor	entra	directamente *en* la *acción*	beginnt ❖ Handlung
	nos introduce		führt uns ein in
sin	presentamos	a los personajes que	vorstellen
	mostramos		zeigen
	darnos a conocer		uns mit ... bekannt machen
		intervienen	en ella	beteiligt sind
		toman parte		teilnehmen
		aparecen		erscheinen

el autor	presenta	detalladamente a	un personaje	stellt vor ❖ detailliert
	describe	minuciosamente a	una persona	beschreibt ❖ sehr aus-
		concisamente a		führlich ❖ knapp
		sucintamente a		bündig
		algunos rasgos de		einige Züge

el autor hace una *descripción*	sucinta	Beschreibung ❖ bündig
	concisa	knapp
	minuciosa	ausführlich
	detallada	detailliert
de un personaje
de una persona

el autor	describe	el *estado de* ánimo		beschreibt ❖ Stimmung
	nos habla de	la *situación*	profesional	Lage ❖ beruflich
			social	sozial
			familiar	familiär
			económica	wirtschaftlich
		el *nivel cultural*		Bildungsniveau
de un personaje
de algunos de los personajes
de alguien

la descripción de un personaje está	escrita	
	formulada	
en un *lenguaje*	sencillo/a	Sprache ❖ einfach
de una forma	complicado/a	kompliziert/komplex

el autor	se limita a	nombrar	dos o tres	beschränkt sich ❖ nennen
	se ciñe a	enumerar		beschränkt sich ❖ aufzählen
		mencionar		erwähnen
	rasgos	esenciales	de un personaje	Wesensmerkmale
	elementos	distintivos	de los personajes	unterscheidend

el autor *reduce* los *rasgos*	distintivos	reduziert ❖ Merkmale
	especificativos	unterscheidend
	de un personaje a dos o tres	

el autor	se esfuerza en	bemüht sich
	quiere	sobre todo	vor allem ❖ beabsichtigt
	intenta	en primer lugar	in erster Linie
	analizar	la *psicología*	Psyche/Seelenleben
	hacer un análisis de	el *comportamiento*	Verhalten
	examinar	la *manera de ser*	untersuchen ❖ Wesen
		I de los personajes	

el autor	sitúa	a los personajes	läßt spielen
	presenta	stellt vor
	nos hace ver	läßt uns sehen
	en un *ambiente*	social determinado	bestimmte soziale Umwelt
	en un *entorno*	Umgebung

en la *narración*, cada personaje	tiene	Erzählung
	posee	besitzt
	su propio carácter	ihren eigenen Charakter
	su propia personalidad	ihre eigene Persönlichkeit
	un carácter que le es propio	
	una personalidad que le es propia	

en la primera parte del texto	encontramos	finden wir
en el *fragmento* que va ...	se halla	Abschnitt ❖ befindet sich
en el segundo *párrafo*	se encuentra	Absatz ❖ befindet sich
en la *parte central*		Hauptteil
	una *descripción*	de un personaje	Beschreibung
	un *análisis*	Analyse
	una *caracterización*	Charakterisierung

el autor	introduce	un *personaje secundario*		führt ein ❖ Nebenfigur
	hace aparecer			läßt erscheinen
	inserta			fügt ein
para	hacernos ver		que ... (+ indic.)	uns deutlich machen
	ayuda*mos a comprender*			verstehen helfen
	aclarar			verdeutlichen

el *narrador*	nos hace una	*física*	Erzähler ❖ Beschreibung
el autor	*descripción*	*psíquica*	des Aussehens ❖ der Psyche
	de los personajes		

el escritor	*parte de*		geht aus von
	toma como	base	nimmt als Grundlage
		punto de partida	Ausgangspunkt
la *descripción física*	de un personaje para		physische Beschreibung
la *prosopografía*			Prosopographie
	*mostra*mos	el *interior* de la persona	zeigen ❖ Innere
	*hace*mos *ver*	su interior	sehen lassen
	*presenta*mos		vorstellen/zeigen

partiendo de	la descripción física de		ausgehend
tomando como base	la prosopografía de		
l un personaje, el autor	nos muestra	su interior	
	nos hace ver		
	nos presenta		

9.2.6. Caracterización (f.)   *Charakterisierung*

caracterizar a un *personaje*   **charakterisieren** ❖ **Figur**

el autor	destaca	los *rasgos característicos*	hebt hervor ❖ Wesenszüge
	describe	de un personaje	beschreibt
	señala		zeigt
	acentúa		betont

el autor caracteriza a un personaje			
	en	sus *actos*	durch ❖ Taten
		su *manera de obrar*	Verhalten
		su *comportamiento*	Benehmen

84

el *principal rasgo*	que	caracteriza	Hauptwesenszug
la *peculiaridad*		*personaliza*	Eigenschaft ❖ personifiziert
		singulariza	auszeichnet
I a un personaje es su		*bondad*	Güte
		idealismo	Idealismus
		sinceridad	Aufrichtigkeit
		egoísmo	Egoismus
		materialismo	Materialismus
		fanatismo	Fanatismus
		entusiasmo	Begeisterung
		severidad	Strenge
		abnegación	Selbstlosigkeit
		amabilidad	Freundlichkeit/Liebenswürdigkeit
		avaricia	Habsucht

los *hechos*	nos *muestran*	cómo son las personas	Taten ❖ zeigen
	nos dicen		
	nos *hacen ver*		machen deutlich

los *monólogos*	nos hacen	*conocer*	Monologe ❖ kennenlernen
	nos *ayudan* a	*comprender*	helfen ❖ verstehen
		mejor a los personajes	

9.2.7. Cualidades (f.p.) físicas   *Physische Eigenschaften*

un hombre	*joven*	*de edad/viejo*	jung ❖ alt
		entrado en años	betagt
	sano	*enfermo*	gesund ❖ krank
		enfermizo	kränklich/kränkelnd
	nervioso	*reposado*	nervös ❖ ausgeglichen
		tranquilo	ruhig
	de buena presencia	*feo*	von angenehmer Erscheinung ❖ häßlich/abstoßend
	fuerte	*de constitución débil*	stark ❖ schwach
	moreno	*rubio*	dunkel ❖ blond
	de piel oscura		schwarz
	delgado	*gordo*	schlank ❖ dick/füllig
	esbelto		schlank

un hombre	*bueno*	*malo*	*gut* ❖ *schlecht*
	prudente	*imprudente*	*bedacht* ❖ *leichtfertig*
	comprensivo	*incomprensivo*	*verständnisvoll* ❖ *uneinsichtig*
	liberal	*fanático*	*liberal* ❖ *fanatisch*
	trabajador	*holgazán*	*fleißig* ❖ *faul*
	alegre	*triste*	*fröhlich* ❖ *traurig*
	idealista	*materialista*	*idealistisch*
	altruista	*egoísta*	*selbstlos* ❖ *egoistisch*
	instruido	*ignorante*	*gebildet* ❖ *ungebildet*
	valiente	*cobarde*	*mutig* ❖ *feige*
	sincero	*hipócrita*	*aufrichtig* ❖ *heuchlerisch*
	progresista	*conservador*	*fortschrittlich*
	abierto	*cerrado*	*offen* ❖ *verschlossen*
	simpático	*antipático*	*sympathisch* ❖ *unsympathisch*
	discreto	*indiscreto*	*umsichtig* ❖ *taktlos*
	tímido	*audaz*	*schüchtern* ❖ *kühn*
	interesado	*desinteresado*	*interessiert*
	desprendido	*avaro*	*großzügig* ❖ *geizig*
	apasionado	*desapasionado*	*leidenschaftlich* ❖ *kühl*

9.2.9. El lenguaje de los personajes ❖ *Sprache*

el lenguaje		de un personaje	
la *forma de hablar*			*Sprache*
la *manera*	*de expresarse*		*Sprache*
el *modo*			
está de acuerdo con	su *forma de ser*		*steht in Einklang* ❖ *We-*
se compagina con	el *ambiente*	del que *procede*	*sen* ❖ *paßt zu* ❖ *Milieu*
concuerda con		en el que vive	*stammt* ❖ *stimmt überein*

las personas	hablan	*de distinta*	forma	*anders*
	se expresan		manera	*drücken sich aus* ❖ *anders*
		según su	*edad*	*Alter*
			cultura	*Bildungsstand*
			ambiente	*Umgebung*

10. Poesía (f.)   *Gedicht/Dichtung*

poema (m.), *composición* (f.) *en verso*   **Gedicht** ❖ **Dichtung in Versen**

10.1. El poeta   *Dichter*

el autor	de este poema de esta poesía	es...

el poema esta poesía	*ha sido*	*escrito/a* *compuesto/a*	por...	*ist geschrieben worden* *verfaßt worden*

este poema esta poesía	es	una *obra* una *composición*	de...	*Werk* *Werk/Stück*

10.2. Tema (m.) del poema   *Thema*

el poema	*pone de* *manifiesto* *traduce* *expresa* *manifiesta*	los *sentimientos* el *estado de ánimo* la *situación anímica* del poeta de su autor	*offenbart* ❖ *Gefühle* *drückt aus* *Gemütsverfassung* ❖ *bringt* *zum Ausdruck* ❖ *seelische* *Verfassung* ❖ *zeigt*

mediante esta composición el autor	*quiere* *pretende* *intenta*	*mittels* *beabsichtigt* *versucht*
*manifesta*mos *participa*mos *hacemos partícipe*s de	sus *sentimientos* su *estado de ánimo* sus *vivencias* sus *penas* sus *preocupaciones* sus *alegrías*	*zeigen* ❖ *Gefühle* ❖ *mit-* *teilen* ❖ *Gemütsverfassung* *teilhaftig werden lassen* ❖ *Er-* *lebnisse* ❖ *Kummer* *Sorgen/Besorgnis* *Freude*

el tema	de la *muerte*	Tod
	del *amor*	Liebe
	de los *celos*	Eifersucht
	de la *amistad*	Freundschaft
	de la *solidaridad*	Solidarität
	de la *fugacidad* de la vida	Vergänglichkeit
	del *dolor*	Schmerz/Leiden
	del *sufrimiento*	Leiden/Schmerz
	de la *fraternidad humana*	menschliche Solidarität

el tema del poema	es		ist
	lo constituye		
una *desgracia personal*			persönliches Unglück
una *calamidad colectiva*			kollektive Katastrophe
el *conflicto entre las generaciones*			Generationskonflikt
la *contraposición*	de dos	*ideales*	Gegenüberstellung ❖ Ideale
la *confrontación*		*modos de vida*	Konfrontation ❖ Lebensweise

el poema	*tiene como tema* ...	hat als Thema
la composición poética	*trata de* ...	beschäftigt sich mit
	expone ...	behandelt
	expresa ...	drückt aus

el poeta *se inspira* en	la *emoción*	läßt sich inspirieren ❖ Emotion
	los *sentimientos*	Gefühle
I que han	*provocado*	en su *interior*	erweckt ❖ Innere
	producido		hervorgerufen
	objetos	*externos*	Dinge ❖ greifbar
	hechos		Ereignisse

el *paisaje*	*castellano*	ha inspirado al poeta	Landschaft ❖ kastillisch
	monegrino		von Monegros
	gallego		galicisch
	manchego		von La Mancha

el poeta	*exterioriza*	sus *sentimientos*	bringt zur Sprache ❖ Gefühle
	manifiesta	sus *vivencias*	teilt mit ❖ Erlebnisse
		su *situación anímica*	seelische Verfassung

el poeta *nos hace partícipes de*	sus sentimientos	*läßt uns teilhaben an*
	sus vivencias	
	su estado de ánimo	

de todas	las *características*	que una *realidad*	Eigenarten ❖ Wirklichkeit
	las *facetas*		Seiten
	los *elementos*		Elemente
	los *aspectos*		Aspekte
presenta	el autor sólo *se ha fijado*	*en* una	vorweist ❖ hat geachtet auf
contiene		en uno	beinhaltet

el poeta	*parte de*	una realidad	geht aus von
	toma como punto de partida		nimmt als Ausgangs-punkt
	y la *relaciona con* el estado de ánimo suyo		bringt in Verbindung mit
	y la *pone en relación con* su estado de ánimo		setzt in Beziehung zu

el poeta describe una realidad externa y *a partir de ella*	*expresa*	bringt zum Ausdruck
	manifiesta	von ihr ausgehend
	comunica	zeigt ❖ teilt mit
los *sentimientos*	le *sugiere*	Gefühle ❖ regt an
que esta realidad	*provoca* en él	ruft hervor

10.3. Estructura (f.) del poema   *Aufbau des Gedichtes*

la estructura del poema	*se articula en*	tres	ist gegliedert in
	consta de		besteht aus
	está formada por		besteht aus
centros	*temáticos*		Einheiten ❖ thematisch
núcleos			Schwerpunkte

en este	poema	*pueden distinguirse*	tres	kann man unterscheiden
	texto	podemos *señalar*	dos	hervorheben
		se pueden *constatar*		feststellen
			núcleos	
			partes	

el *núcleo*	*principal* más importante	es el primero;	*Hauptschwerpunkt*
los otros dos *sirven para*	*explicarlo* *ilustrarlo* *esclarecerlo*		dienen dazu ❖ erläutern veranschaulichen verdeutlichen/erhellen

en el texto	*se* nos *muestran* vemos *se encuentran*	dos núcleos temáticos	zeigen sich befinden sich

dentro de cada núcleo pueden *distinguirse* — unterscheiden
los/las *siguientes* — folgend

componentes: ...	Bestandteile
partes: ...	Teile
subnúcleos: ...	Teilaspekt/Teilelemente

en los dos primeros versos	el poeta *afirma* el autor *constata*	behauptet stellt fest
	que ... (+ indic.)	

el tercer núcleo	va *se extiende*		erstreckt sich
	del verso 5	al hasta el	verso 9

el tercer el último	núcleo temático	*se encuentra* *está contenido*	befindet sich ist enthalten
	en los ocho últimos versos; en ellos el autor nos		
		invita a ... *exhorta* a ... *anima* a ...	lädt ein fordert auf ermutigt

el último verso del poema	nos *muestra* nos *da a conocer* nos *manifiesta*		zeigt macht bekannt mit offenbart/verdeutlicht
	una *resolución* una *decisión*	del poeta de su autor	Entschluß Entscheidung

en los versos 15 y 16	se nos *explica*	*wird erläutert/dargelegt*
	se nos *aclara*	*erklärt*
	que ... (+ indic.)	

la relación del núcleo 2 con el núcleo 1

	es	*antitética*	*antithetisch*
	es una relación	*consecutiva*	*konsekutiv*
		causal	*kausal*

la *disposición* de los núcleos es

	simétrica	*Anordnung* ❖ *symmetrisch*
	paralelística	*parallel*
	antitética	*antithetisch*

en el poema	se pueden *distinguir*			*unterscheiden*
	se pueden *constatar*			*feststellen*
	tres *momentos*:	una introducción,		*Phasen*
	tres partes:	una parte *introductoria*,		*einleitend*
	que la *constituye*	la primera *estrofa*,		*ausmacht* ❖ *Strophe*
	contenida en			*enthalten*
	una parte central	*de máxima*	*tensión*	*größter Gefühls-*
		con una fuerte	*sentimental*	*spannung*
que	*se extiende*	de la estrofa 2 a la estrofa 4		*sich erstreckt*
	va			
y una parte final de *anticlímax*				*Antiklimax*
	contenida	en la última estrofa		
	que creemos *advertir*			*feststellen*

si analizamos la relación entre la *forma* y el
el *contenido*, podemos

	decir	que... (+ indic.)	*Form*
			Inhalt
	afirmar		*behaupten*
	constatar		*feststellen*

10.4. Versificación (f.)   *Versmaß/Metrum*

todos los versos del poema	tienen	
	contienen	*enthalten*
el mismo *número de sílabas*		*Silbenzahl*

los versos del poema son	de arte mayor, de más de ocho de arte menor, de menos de nueve	sílabas

en cada verso del poema	podemos hay se encuentran	distinguir constatar	unterscheiden feststellen gibt es
dos *hemistiquios*	*de igual extensión* *de extensión desigual*		Halbverse gleicher Länge ungleicher Länge

la *pausa* la *cesura*	*divide* los versos en hemistiquios	Pause ❖ teilt Zäsur
iguales *desiguales*		gleich ungleich

los versos del poema son	*bisílabos* – de dos sílabas – *trisílabos* – de tres sílabas – tetrasílabos – de cuatro sílabas – pentasílabos – de cinco sílabas – hexasílabos – de seis sílabas – heptasílabos – de siete sílabas – octosílabos – de ocho sílabas – eneasílabos – de nueve sílabas – decasílabos – de diez sílabas – endecasílabos – de once sílabas – dodecasílabos – de doce sílabas – *alejandrinos* – de catorce sílabas –	Zweisilber Dreisilber Alexandriner

el autor	*combina*	versos	verbindet/kombiniert
el poeta	*alterna*		wechselt ab/alterniert
	de arte mayor con versos de arte menor		
	de distinto número de sílabas		ungleicher Länge/ Silbenzahl

en cada estrofa	*encontramos*			finden wir
	hay			
	se pueden *constatar*			feststellen
	se encuentran			befinden sich
		dos	*tipos*	de versos	Art
			clases	Sorten

10.5. Encabalgamiento (m.)   *Versüberschreitung/ Enjambement*

en el verso 16	*encontamos*	un encabalgamiento	finden wir
	se encuentra		befindet sich
	hay		

la frase	*comienza*	en el verso 5 y	*termina*	fängt an ❖ endet
	empieza		*finaliza*	beginnt ❖ endet
	en el interior del	*verso siguiente*		innerhalb des folgenden Verses
	dentro del			

el autor	*se sirve* de	el encabalgamiento para	bedient sich
	emplea		gebraucht
	utiliza		wendet an
	acentuar	el *sintagma*	encabalgado/a	betonen ❖ Einheit
	recalcar	la parte		hervorheben
	subrayar	el *segmento*		hervorheben ❖ Abschnitt

10.6. Rima (f.)   *Reim*

en el poema hay cuatro *versos*	*blancos*	Blankverse
	sin rima	ohne Reim
	carentes de rima	reimlose Verse
	libres	freie Verse
	sueltos	freie Verse

| el esquema | de las rimas es | regular | Reimschema ❖ regelmäßig |
| la disposición | | irregular | Anordnung ❖ unregelmäßig |

| la rima de los versos es | consonante | konsonantisch |
| | perfecta | vollkommen |

| los sonidos finales de cada verso a partir de la | letzte Silben |
| última vocal acentuada son iguales | nach der letzten betonten Vokal |

| la rima de los versos es | asonante | vokalreimend |
| | imperfecta | unvollkommen/unterbrochen |

| la igualdad de sonidos a partir de la última vocal | |
| acentuada se limita a las vocales | beschränkt sich |

10.7. Estrofa (f.)   *Strophe*

una estrofa	armoniosa	harmonisch
	oscura	schwer verständlich
	de difícil comprensión	
	difícil de comprender	

los versos del poema que	analizamos	están	
	comentamos		
	reunidos en	cuatro estrofas	zusammengefaßt
	agrupados en		eingeteilt
	forman		bilden

al final de cada estrofa	encontramos	un estribillo	finden wir ❖ Kehrreim
	se encuentra		befindet sich
	hay		
	se repite		wird wiederholt

el estribillo que	se repite	periódicamente		in regelmäßigen Abständen
	se reitera	regularmente		wiederholt wird ❖ regelmäßig
	a lo largo del poema	encierra	la idea	das ganze Gedicht hindurch
		contiene		enthält ❖ beinhaltet
		principal	de la composición	Werk
		central	del poema	

el poema	se compone de	cuatro estrofas	besteht aus
	consta de		besteht aus
	tiene		

la primera estrofa está	constituida por	cuatro versos	wird gebildet von
	consta de		besteht aus
	contiene		beinhaltet/umfaßt
	tiene		

la primera estrofa	está formada por	una sola frase	gebildet ❖ Satz
	contiene		beinhaltet/enthält
	tiene		
	consta de		besteht aus

el primer núcleo temático	coincide con	Schwerpunkt ❖ thematisch
	está contenido en	stimmt überein ❖ ist enthalten
la primera estrofa		
la estrofa inicial		

las estrofas del poema son	parisílabas	gleichsilbig
	imparisílabas	ungleichsilbig
y su rima es	asonante	vokalreimend
	asonantada	vokalreimend
	consonante	reimend
	aconsonantada	reimend

10.8. Soneto (m.)   *Sonett*

el poema	se adapta	por completo	en su	richtet sich nach
	se acomoda	plenamente		völlig ❖ hält sich an
		totalmente		
estructura métrica al molde		tradicional		Form ❖ herkömmlich
		clásico		klassisch
		renacentista		der Renaissance
I del soneto:	los cuartetos con rimas	iguales		gleich
		idénticas		identisch
	los tercetos con rima	abrazada		umschlingender Reim
		cruzada		Kreuzreim

los catorce versos de	nuestro poema esta *composición*	están	Werk
distribuídos *repartidos*	en dos *cuartetos* y dos *tercetos*		verteilt ❖ Quartett ❖ Terzett gegliedert
	se trata de un soneto		handelt sich um

10.9. Romance (m.)   *Romanze*

el poema	*consta*	de un número	besteht
el romance	*se compone*		besteht
		indeterminado de versos	unbestimmt
		indefinido	unbestimmt
sus versos *pares*	riman	en *asonante*	gerade ❖ Assonanz
		en *asonancia*	Assonanz
		tienen rima *asonante*	assonantisch
los *impares*	quedan libres		ungerade ❖ bleiben reim-
	no tienen rima		frei ❖ reimen nicht

los versos del ronamce son	de igual medida	gleicher Länge
	simétricos	symmetrisch

en este romance los *octosílabos* están		Achtsilber
distribuidos	en *grupos de a cuatro*	verteilt ❖ Vierergruppen
estructurados		angeordnet

los versos	del poema de la obra	que analizamos
	son de seis sílabas;	*se trata pues* de
	son *hexasílabos*;	es
		un romancillo

handelt sich daher
Hexameter

11. Teatro (m.) *Theater*

11.1. Localización (f.) *Lokalisierung*

el texto que	*analizamos* es *comentamos* es	una *escena* un *cuadro* un *acto* un *fragmento*	*wir analysieren* ❖ *Szene* *wir besprechen* ❖ *Bild* *Akt* *Abschnitt*
	de una *obra* de una *pieza*	de teatro de García Lorca	*Theaterstück*
		que *lleva por título*: ... *titulada*: ...	*den Titel trägt* *mit dem Titel*

el texto	*forma parte* de ha sido *tomado* de	una *tragedia* una *comedia* un *sainete* un *entremés* un *paso*	*ist ein Teil* ❖ *Tragödie* *entnommen* ❖ *Komödie* *Schwank* *Zwischenspiel* *Zwischenspiel*

la obra	está ha sido	escrita	*en prosa* *en verso*	*in Prosa* *in Versen*

el texto *contiene*	las dos primeras escenas la *escena introductoria*		*beinhaltet* *einleitende Szene*
	del primer del segundo	acto	

11.2. Estructura (f.) *Struktur*

la obra que analizamos	*consta de* *se compone de* tiene *contiene*	tres	*besteht aus* *besteht aus* *beinhaltet*
	actos *jornadas*		*Akte* *Akte*

en la primera escena *se nos*	*dan a conocer* *comunican*	werden wir mit den vorausgehenden Umständen vertraut gemacht ❖ werden uns	
los antecedentes *los presupuestos*	en que se *sitúa* la acción	mitgeteilt ❖ einordnet	

el primer acto	está *estructurado* en	cinco escenas	gegliedert
	está *dividido* en		unterteilt
	comprende		umfaßt
	contiene		beinhaltet

las escenas de este acto se pueden	*reagrupar*	neu einteilen
	condensar	zusammenfassen
	en tres *cuadros*	Bilder

el primer acto *contiene*	la *exposición*	beinhaltet ❖ Exposition
	el *planteamiento*	Einführung

en el primer acto	el autor nos *presenta* a	stellt vor
	son presentados	werden vorgestellt
	los personajes	

la segunda escena	*comienza* con un *monólogo*	beginnt ❖ Monolog
	se inicia	beginnt
	se abre	wird eröffnet
	del *protagonista*	Hauptdarsteller
	de un personaje	

la *intriga*	*va aumentando* en el segundo acto	Intrige ❖ steigert sich
	va creciendo	wächst

en la tercera escena del tercer acto ya		
se anuncia	la *catástrofe*	kündigt sich an ❖ Katastrophe ❖ läßt
se deja entrever	el *desenlace*	sich erkennen ❖ Lösung/ Ausgang

11.3. Tema (m.), intención (f.)   *Thema* ❖ *Absicht*

los problemas que	*se plantean* en esta *obra* son	aufgeworfen werden ❖ Werk
	se exponen	dargelegt werden
	realistas	realistisch/real
	fantásticos	frei erfunden

el autor	plantea	problemas *en lugar de*	*wirft auf* ❖ *anstatt*
	expone		*legt dar*
		*solucionar*los	*lösen*
		*resolver*los	*lösen*

esta comedia *contiene* una crítica		*inteligente*	*beinhaltet* ❖ *klug*
		irónica	*ironisch*
		mordaz	*bissig*
	de la *sociedad*	*burguesa*	*Gesellschaft* ❖ *bürgerlich*
		moderna	*modern*
		de consumo	*Konsumgesellschaft*
		capitalista	*kapitalistische*
		de despilfarro	*Wegwerfgesellschaft*
		postmoderna	*postmodern*

el *sainete*	*nos ayuda a conocer*		*Schwank* ❖ *bringt uns näher*
el *entremés*	nos *facilita* la *compresión* de		*Zwischenspiel* ❖ *erleichtert*
el *paso*			*Verständnis* ❖ *Zwischenspiel*
las *costumbres*		de una *época*	*Sitten/Bräuche* ❖ *Epoche*
la *situación*	*social*		*Lage* ❖ *sozial*
	política		*politisch*
	económica		*wirtschaftlich*

se trata	de un *teatro de ideas* en el que	el autor	*Thesentheater*
	de una *obra de tesis* en la que		*engagiertes Theater*
quiere	*defender* una *teoría*	moral	*verteidigen* ❖ *Theorie*
se propone		filosófica	*nimmt sich vor*
intenta		política	*beabsichtigt*

el autor de esta obra	*se inspira* en		*inspiriert sich*
	ha tomado el tema de		
	la *historia nacional*		*nationale Geschichte*
	leyendas nacionales		*nationale Legenden*
	un *cuento*		*Märchen*
	una *obra*	conocida	*Werk* ❖ *bekannt*
	una *novela*		*Roman*

11.4. Personajes (m.p.)

(ver: de la página 79 a la página 86)

en este acto	*intervienen*	los *siguientes*	*handeln* ❖ *folgende*
en esta escena	*aparecen*	personajes: ...	*erscheinen*
en este *cuadro*			*Bild*

el *protagonista*	de esta obra es ...	*Hauptperson/Protagonist*
el *personaje principal*		*Hauptfigur*
el *antagonista*		*Gegenspieler*
el *héroe*		*Held*
la *heroína*		*Heldin*
el *antihéroe*		*Antiheld*

en la segunda escena	*aparecen*	*erscheinen*
	son presentados	*werden vorgestellt*
los	*personajes secundarios*	*Nebenfiguren*
algunos		

un personaje	tiene	una	*marcada*	*ausgeprägt*
	da muestras de		fuerte	*legt an dem Tag*
	da pruebas de			*zeigt*
	I *personalidad*			*Persönlichkeit*

11.5. Acción (f.)

(ver: de la página 74 a la página 79)

en la acción pueden	*distinguirse claramente*	*deutlich unterscheiden*
tres momentos:	una *exposición*	*Exposition*
	un *nudo*	*Verwicklung*
	un *desenlace*	*Lösung/Ausgang*

la acción es	*lenta*	*schleppend*
	rápida	*schnell/zügig*
	plácida	*ruhig/ausgewogen*
	movida	*bewegt*

la *trama*	*se complica*	progresivamente	*Intrige* ❖ kompliziert sich
	se enreda	poco a poco	spitzt sich zu/wird unüber-
	a partir de	la escena 4	schaubar
	después de	la cuarta escena	

| los *hechos* son | *verosímiles* | *Geschehen* ❖ wahrscheinlich |
| | *inverosímiles* | unwahrscheilich |

el desenlace	*sorprende*	al lector	überrascht
	asombra		setzt in Erstaunen
	desconcierta		macht verlegen

11.6. Apartes (m.p.), monólogos (m.p.), acotaciones (f.p.)
Beiseitesprechen ❖ *Monologe* ❖ *Bühnenanweisungen*

el protagonista *interrumpe*	el *desarrollo*	unterbricht ❖ Entwicklung
	el *desenvolvimiento*	Entwicklung
de la acción	para *dirigirse*	al público	sich wenden
de la *intriga*		al lector	Intrige
	en un aparte	
	directamente	

en el aparte el protagonista	*nos informa de*	informiert uns über
	nos manifiesta	zeigt uns
	nos comunica	teilt uns mit
	sus *pensamientos*	Gedanken
	sus *intenciones*	Absichten
	sus *planes*	Pläne
	sus *preocupaciones*	Sorgen

en este *monólogo* el protagonista	*reflexiona*	Monolog ❖ überlegt
	piensa	denkt
	en voz alta	laut

las *acotaciones* ayudan	a comprender	*Bühnenanweisungen*
	a entender	
la *trama*	de la acción	Intrige
el *desenvolvimiento*		Entwicklung

al final de la escena 4	interviene			tritt ein
	aparece			erscheint
el gracioso	que	parodia		Lustiger ❖ parodiert
la figura del donaire		ridiculiza		Gracioso ❖ macht lächerlich
los dichos	de un personaje			Sprüche
los hechos				Taten
las palabras				Worte

11.7. Espectador (m.)/Lector (m.)   *Zuschauer ❖ Leser*

el espectador	simpatiza	con un personaje	sympathisiert
	se identifica		identifiziert sich

la complicación de	la trama	entretiene	Verwicklung ❖ macht neugierig
	la intriga		Intrige
	al lector		
	al espectador		

la atención	de los espectadores	crece	Aufmerksamkeit ❖ wächst
el interés		se intensifica	Interesse ❖ steigt
		aumenta	nimmt zu
		disminuye	nimmt ab
		se debilita	nimmt ab
		desaparece	verschwindet

12. Niveles (m.p.) de lengua *Sprachebenen*

12.1. Vocabulario (m.) *Wortschatz*

vocablo (m.)	**Ausdruck**
palabra (f.)	**Wort**
término (m.)	**Begriff**
elemento léxico (m.)	**lexikalisches Element**

12.1.1. Sentido (m.), significado (m.) *Sinn ❖ Bedeutung*

significado	*denotativo*	de un vocablo	denotativ
	connotativo	de una palabra	konnotativ
		de una expresión	
		de un térmimo	

una palabra tiene	*varias/os*	*acepciones*	mehr ❖ Bedeutungen
	distintas/os	*sentidos*	verschieden ❖ Bedeutungen
	diferentes	*significados*	unterschiedlich ❖ Be-
	diversas/os		deutungen ❖ mehr

emplear	una palabra	*de doble*	*significado*	gebrauchen ❖ doppeldeutig
			sentido	
	un término	de significado	*ambiguo*	mehrdeutig
	un vocablo		*equívoco*	zweideutig

emplear una palabra en	su *sentido propio*	eigentliche Bedeutung
	un *sentido* *figurado*	übertragene Bedeutung
	metafórico	metaphorische Bedeutung

el autor	*explica*	el significado	erklärt
	expone	la significación	erörtert
	determina		legt fest
	define		definiert
	de un término		
	de un vocablo		
	de una palabra		

un vocablo	*corriente*	geläufig
	popular	Umgangs(wort)
	vulgar	Umgangs(wort)
	malsonante	anstößig
	expresivo	ausdrucksvoll
	culto	gehoben
	altisonante	überhöht/prahlend

en el texto	*abundan* los	términos	sind reichlich vorhanden
	predominan los		überwiegen
	escasean los		sind spärlich vorhanden
	encontramos		finden wir
		abstractos	abstrakt
		concretos	konkret

en el texto hay	muchos	términos	concretos	
	abundantes		abstractos	reichlich
	pocos			
	escasos			kaum

| el texto está *lleno* de términos | *técnicos* | voll ❖ technisch |
| | *científicos* | wissenschaftlich |

el autor emplea muchos	términos	
	vocablos	
I del lenguaje	de la *técnica*	Technik
	técnico	technisch
	de la *administración*	Verwaltung
	administrativo	Verwaltungs(sprache)
	de la *jurisprudencia*	Jurisprudenz
	jurídico	juristisch
	de la *filosofía*	Philosophie
	filosófico	philosophisch
	de la *política*	Politik
	político	politisch
	de las *ciencias*	Wissenschaften
	científico	wissenschaftlich

el autor	emplea	muchos términos	wendet an
	se sirve de		bedient sich
	utiliza		setzt ein
		técnicos	
		administrativos	Verwaltungs(termini)
		jurídicos	juristisch
		filosóficos	philosophisch

en el lenguaje del autor	hay	muchos	
	se constatan	numerosos	zahlreich
	se encuentran		befinden sich
	idiomatismos		idiomatische Rede-wendungen/ Ausdrücke
	expresiones idiomáticas		
	frases hechas		feststehende Wendungen
	cultismos		Fremdwörter (aus einer klassischen Sprache)
	extranjerismos		Fremdwörter (aus einer modernen Sprache)

en el texto que	analizamos	hay	wir analysieren
	comentamos	encontramos	wir besprechen
	estudiamos	se encuentran	wir untersuchen
	muchos	sinónimos	Synonyme
	bastantes	términos sinonímicos	
	numerosos	antónimos	zahlreich ❖ Antonyme
		términos antonímicos	
		homónimos	Homonyme
		términos homonímicos	

la manera	de emplear	delata	die Art, Wörter zu verwenden
	las palabras		verrät ❖ die Weise, sich auszu-drücken ❖ verweist
el modo	de expresarse	denuncia	
		hace patente	macht deutlich
l el origen	sudamericano	del autor	Ursprung ❖ südamerikanisch
	catalán	del hablante	katalanisch ❖ Sprecher
	vasco		baskisch
	gallego		galicisch

... es una palabra	que se ha puesto de moda	dessen Gebrauch Mode geworden ist
	que ha caído en desuso	das ungebräuchlich geworden ist
	que no figura	nicht im Wörterbuch auftaucht
	no se encuentra	man nicht im Wörterbuch findet
	en el diccionario	

12.1.3. Nivel (m.) del vocabulario — *Wortschatzebene/Sprachebene*

el autor	emplea	un vocabulario	rico	gebraucht ❖ reich
	utiliza		pobre	verwendet ❖ arm
			culto	gehoben
			especializado	Fach(vokabular)
			científico	wissenschaftlich
			popular	Umgangs(vokabular)
			coloquial	Umgangs(sprache)
			familiar	Umgangs(sprache)
			argótico	Gauner(jargon)
			jergal	Gauner(jargon)

el autor	emplea	la palabra	justa	gebraucht ❖ treffend
	encuentra		adecuada	findet ❖ geeignet
	halla			findet
	aplica			wendet an
		para expresar	una idea	ausdrücken ❖ Idee
			un pensamiento	Gedanke
			una sensación	Gefühl
			un sentimiento	Empfindung
			una vivencia	Erlebnis

12.1.4. Funciones (f.p.) de los vocablos — *Funktionen der Ausdrücke*

una palabra	pone de relieve	la intención	hebt hervor ❖ Absicht
un término	subraya	los propósitos	Begriff ❖ unterstreicht ❖ Vorhaben
una expresión	acentúa	los objetivos	Ausdruck ❖ betont ❖ Absicht
		del autor	
		del que la pronuncia	ausspricht
		del que la escribe	

una palabra	expresa	la *situación anímica*	*drückt aus* ❖ *Gemütszustand*
	traduce	el *estado de ánimo*	*gibt wieder* ❖ *Verfassung*
	evoca		*ruft wach*
	deja ver		
	deja entrever		*läßt durchblicken*
		de alguien	
		del autor	
		de un *personaje*	*Person/Figur*

12.2. Estilo (m.) *Stil*

12.2.1. Estilos *Stilebenen*

tener un estilo	*elegante*			elegant
	original			originell
	expresivo			ausdrucksvoll
	ameno			unterhaltsam
	lacónico			lakonisch
	lapidario			lapidar
	sobrio			karg
	sobrio	en	*palabras*	wortkarg
		de		wortkarg
	sucinto			gedrängt
	sin adornos			ohne Schmuck
	afectado			unnatürlich/geziert
	amanerado			manieriert/affektiert
	recargado de	*redundancias*		überladen ❖ Redundanzen
		palabras raras		seltsame Wörter
		extranjerismos		Fremdwörter

12.2.2. Análisis (m.) del estilo *Stilanalyse*

el autor	escribe con	*sencillez*	*Schlichtheit*
	habla con	*naturalidad*	*Natürlichkeit*
	se expresa con		*drückt sich aus*
	busca la		*sucht*

si analizamos	el estilo	que *emplea*	anwendet
si *nos fijamos* en		del que *se sirve*	wir beachten ❖ sich bedient
si examinamos		que *utiliza*	gebraucht
	el autor, podemos	*constatar*	feststellen
		ver	sehen
		comprobar	feststellen
		que ... (+ indic.)	

el autor	*se distingue*	por la	*elegancia*	zeichnet sich aus ❖ Eleganz
	se caracteriza		*expresividad*	zeichnet sich aus ❖ Ausdruckskraft ❖ Unterhaltsamkeit
			amenidad	
			originalidad	Originalität
	de su estilo		
	de su *dicción*		Redeweise/Diktion
	de su *lenguaje*		Sprache
	en la *manera de expresarse*		Ausdruckweise

el estilo del autor *se caracteriza* por		läßt sich charakterisieren
	la *abundancia*	de *metáforas*	Fülle ❖ Metapher
	la *profusión*		Überfluß

el autor tiene	*predilección* por el *empleo* de	Vorliebe ❖ Gebrauch
	inclinación a *emplear*	neigt dazu ❖ gebrauchen
	las *perífrasis*	Umschreibungen/Periphrasen
	las *formas perifrásticas*	periphrastische Formen
	las *formas pasivas*	Passivformen
	el *estilo directo*	direkte Rede
	el *estilo indirecto*	indirekte Rede

obsérvese	el *patetismo*	del *lenguaje* *empleado*	man muß ... beachten ❖ Pathos angewandte Sprache
	el *énfasis*	en el párrafo 2	Eindringlichkeit/Emphase
	la *sobriedad*		Nüchternheit
	la *sencillez*		Schlichtheit

el *empleo*	del *estilo nominal*	*da*	al texto	Gebrauch ❖ Nominalstil
el *uso*		*confiere*		Anwendung ❖ verleiht
	un *carácter*	*objetivo*		Charakter ❖ objektiv
		impersonal		unpersönlich

el autor *evita*	la *altisonancia*		meidet ❖ Prahlerei
	la *ampulosidad*		Schwülstigkeit
	los *extranjerismos*		Fremdwörter

en el texto	*abundan*	las estructuras	sind reichlich vorhanden
	predominan		herrschen vor
	escasean		sind spärlich vorhanden
		nominales	nominal
		verbales	verbal

12.2.3. Influencias (f.p.)   *Einflüsse*

el estilo	del que *se sirve*	el autor	está	sich bedient
	que *emplea*		se halla	anwendet
	que *utiliza*			gebraucht
	influido por	las *ideas*	de su *época*	beeinflußt ❖ Ideen
	influenciado por	los *gustos*		Epoche ❖ Geschmack
		las *tendencias*		Strömungen/Tendenzen
		las *preferencias*		Vorliebe

el libro	*refleja*	las tendencias		spiegelt wider
el escrito		los gustos		
la *obra*				Werk
el *poema*				Gedicht
	de la época	en que ha sido escrito/a		
	del tiempo			
	del momento			

12.2.4. Comprensión (f.)   *Verständnis*

el texto	*ofrece*	muchas	*dificultades*	bietet ❖ Schwierigkeiten
	presenta	numerosas		bereitet ❖ zahlreich
		algunas		

| el texto es *de* | *fácil comprensión* | leicht zu verstehen |
| | *comprensión fácil* | leicht zu verstehen |

13. Recursos (m.) estilísticos y sus funciones (f.)
Stilmittel Funktionen

medios estilísticos		**Stilmittel**
figuras retóricas		**rhetorische Mittel**
elegancias (**f.**) *del lenguaje*		**Stilmittel**

el autor	*se vale* de	recursos	estilísticos	*bedient sich*
	usa	medios		*macht Gebrauch von*
	se sirve de	figuras retóricas		*bedient sich*
	emplea	elegancias del lenguaje		*gebraucht*
	utiliza			*wendet an*
	para *lograr*	un *fin expresivo* especial		*erreichen* ❖ *Ziel* ❖ *ausdrucks-*
	para *obtener*	un *determinado* fin expresivo		*voll* ❖ *erzielen* ❖ *bestimmt*

los recursos estilísticos	*aumentan*	*steigern*
	acrecientan	*erhöhen*
	potencian	*verstärken*
la *expresividad* del lenguaje		*Expressivität*

13.1. Repetición (f.)
Wiederholung

el autor *repite*	una frase	para	*wiederholt*
	una palabra		
	una *expresión*		*Ausdruck*
		recalcar	algo	*hervorheben*
		insistir en		*betonen*

una repetición	*innecesaria*	*unnötig*
	superflua	*überflüssig*
	inútil	*unnütz*

el autor	nos *llama la atención* sobre	*macht aufmerksam*
	subraya	la *importancia* de	*unterstreicht* ❖ *Bedeutung*
	realza		*hebt hervor*
	pone de relieve		*hebt hervor*
		algo *repitiéndo*lo	*indem er wiederholt*

110

| el autor | repite | algo con *machacona insistencia* | *aufdringlich* ❖ *Nachdruck* |
| | reitera | | *wiederholt* |

el *empleo*	*frecuente*	de la	palabra ...	*Gebrauch* ❖ *häufig*
	repetido		expresión ...	*wiederholt*
	reiterado			*wiederholt*
	insistente			*beharrlich*
		tiene como objeto ...		*hat als Ziel*
		tiene como fin ...		
		le *sirve* al autor para ...		*dient*

la *reiteración*	de la palabra ... es	un *medio*	*Wiederholung* ❖ *Mittel*
la repetición		un *recurso*	*Hilfsmittel*
	del que *se sirve* el autor para ...		*sich bedient*
	que *emplea* el autor para ...		*anwendet*

13.2. Polisíndeton (m.)   *Polysyndeton*

| repetición de conjunciones sin necesidad gramatical | Wiederholung von Konjunktionen ohne grammatikalische Notwendigkeit |

«y el mar le dio un nombre
y un apellido el viento
y las nubes un cuerpo
y un alma el fuego»
  (R. Albertí)

und das Meer gab ihm einen Namen
und der Wind einen Nachnamen
und die Wolken einen Körper
und eine Seele das Feuer

el autor	*coordina*	varios elementos mediante	*ordnet zu* ❖ *mehrere Elemente*
	une		*durch* ❖ *verbindet/vereint*
	enlaza		*fügt zusammen*
	reiteradas conjunciones		*wiederholt*
	con la misma conjunción		

en	el segundo *párrafo*	el autor	*emplea*	más	*Abschnitt* ❖ *gebraucht*
	la segunda *estrofa*		*pone*		*Strophe* ❖ *schreibt*
			utiliza		*wendet an*
			usa		*verwendet*
	conjunciones de las que		*exigen*		*verlangen*
			reclaman		*fordern*
			requieren		*erfordern*
	l las *reglas* gramaticales				*Regel*

las conjunciones que el autor	emplea	al comienzo	anwendet ❖ am Anfang
	repite	al principio	wiederholt ❖ am Anfang
de cada *frase*	no son *necesarias*		Satz ❖ notwendig
de cada *verso*			Vers

mediante	este *recurso*	literario	el autor quiere	mittels ❖ Mittel
con la *ayuda* de		estilístico		Hilfe
con				
por medio de				mittels
resaltar	los	diferentes	elementos que	hervorheben
destacar		diversos		hervorheben
subrayar				unterstreichen
acentuar				betonen
contienen	las ideas allí *expresadas*			enthalten ❖ ausge-
encierran				drückt ❖ beinhalten

la *repetición*	de las conjunciones	*produce*	Wiederholung ❖ ruft hervor
la *reiteración*		*origina*	Repetition ❖ bewirkt
		provoca	verursacht
I en el lector una *sensación*	de *lentitud*		Gefühl ❖ Bedächtigkeit
	de *solemnidad*		Feierlichkeit
	de *gravedad*		Würde

13.3. Enumeración (f.)   *Aufzählung*

en el segundo *párrafo*	*encontramos*	una	Abschnitt ❖ finden wir
en la segunda parte	*hallamos*		finden wir
enumeración	*breve*	de ...	kurz
	exacta		genau
	detallada		ausführlich
	minuciosa		sehr detailliert
	extensa		eingehend

una enumeración	detallada	*produce*	en el lector	ruft hervor
	minuciosa	provoca		sehr ausführlich
		causa		verursacht
		origina		bewirkt
una	*sensación*	de objetividad		Eindruck der Sachlichkeit
cierta	*impresión*			Gefühl

el autor *enumera*	*brevemente*		zählt auf ❖ kurz
	someramente		knapp
	exactamente		genau
	detalladamente		ausführlich
	minuciosamente		sehr detailliert
	extensamente		eingehend
las *razones* que	ha *expuesto*	*anteriormente*	Gründe ❖ dargelegt
	ha *formulado*		vorher ❖ formuliert
las *consecuencias* que *se deducen de ...*			Folgen ❖ daraus folgen

13.4. Pleonasmo (m.)

**empleo de más
palabras de las necesarias**

**Anwendung von mehr
Wörtern als notwendig**

*«Lo vi con mis
propios ojos.»*

*Ich habe es mit
meinen eigenen Augen gesehen.*

las palabras que el autor	*añade*	al verbo ver	hinzufügt
	agrega	(con mis	hinzusetzt
no son *necesarias* para	*entender*		notwendig ❖ verstehen
propios ojos)	*comprender*		begreifen
	la *comprensión* de		Verständnis
el *pensamiento*	que el autor quiere	*comunicar*	Gedanke ❖ mitteilen
el *mensaje*		*expresar*	Mitteilung ❖ ausdrücken
		trasmitir	mitteilen

las palabras *añadidas*	dan *énfasis* a	la expresión	hinzugefügt ❖ Emphase
	dan *colorido* a		Färbung
	dan *vigor* a		Kraft
	dan *fuerza* a		verstärken

las palabras añadidas	*ponen de relieve*		heben hervor
	acentúan		betonen
	realzan		heben hervor
	subrayan		unterstreichen
		un *aspecto* de ...	Aspekt
		un *matiz* de ...	Nuance

13.5. Aliteración (f.)

*repetición de una misma
letra, sonido*

**Wiederholung des gleichen
Buchstabens ❖ Lautes**

*«El ruido con que rueda
la ronca tempestad.»
(Zorrilla)*

*Der Lärm, mit dem der
rauhe Sturm rollt.*

| el sonido | *aliterado* | es la «r» | *wiederholt* |
| | *repetido* | | *wiederholt* |

en la línea tres	*se repite*	tres veces la	*wird wiederholt*
	encontramos		*finden wir*
	se halla		*findet man*
	consonante ... *al comienzo* de las palabras		*Konsonant* ❖ *am Anfang*

mediante	la aliteración el autor	*obtiene*	*mittels* ❖ *erreicht*
por medio de		*consigue*	*durch* ❖ *erzielt*
	efectos	*onomatopéyicos*	*Effekte* ❖ *lautmalerisch*
		imitativos	*nachahmend*
		acústicos	*akustisch*

13.6. Epíteto (m.)

adjetivo que *expresa* una *cualidad*
***esencial* del sustantivo**
***inherente* al substantivo**

**ausdrückt ❖ Eigenschaft
wesentlich
inhärent/anhaftend**

«la blanca nieve»

der weiße Schnee

el adjetivo «blanca» no	*especifica*	al substantivo	*erläutert/spezifiziert*
	determina	«nieve»	*bestimmt*
	delimita		*grenzt ab*

el epíteto	*realza*	una *cualidad*	*hebt hervor* ❖ *Eigenschaft*
	subraya		*unterstreicht*
	acentúa		*betont*
	pone de relieve		*hebt hervor*
del substantivo			
que es *inherente* al substantivo			*inhärent/anhaftend*

| el epíteto... es | puramente | ornamental | ausschließlich ❖ aus- |
| | meramente | | schmückend ❖ lediglich |

el epíteto *suele*	*anteceder* al	substantivo	pflegt ❖ vorangehen
	*ir delante de*l		stehen vor
	preceder al		vorangehen
	ir antepuesto al		stehen vor

13.7. Diminutivo (m*.) Diminutiv/Verkleinerungswort/Verkleinerungsform*

| en este *poema* | *abundan* los | diminutivos | Gedicht ❖ sind reichlich |
| | hay muchos | | vorhanden |

en este texto	*encontramos*	*varios*/as	finden wir ❖ mehrere
	se hallan/a	muchos/as	befinden sich
		una *acumulación* de	Anhäufung
		numerosos	zahlreich
diminutivos			
formas diminutivas			

el diminutivo	*no se refiere* a		bezieht sich nicht
	no tiene que ver con		hat nichts zu tun
	no quiere *indicar*		hinweisen auf
el *tamaño* del *objeto*			Größe ❖ Gegenstand
la *altura*		de la persona a la que	Höhe
la *constitución física*		del ser al que	Beschaffenheit
		se le *atribuye*	zugeschrieben wird
		se refiere	sich bezieht

un diminutivo	*posee*	un *matiz*	*más bien*	besitzt ❖ Nuance ❖ viel
	tiene		*puramente*	mehr ❖ lediglich
			exclusivamente	ausschließlich
			meramente	lediglich
	I *afectivo*			gefühlsmäßig

el autor emplea sufijos	*apreciativos*	wertschätzend/aufwertend
	despectivos	abschätzig/abwertend
	aumentativo-despectivos	Vergrößerungsformen
		abwertend/abschätzig

en los diminutivos
en la *formación* de los diminutivos
  |*sufijos* |*regionales*
    |*dialectales*
	el autor	*emplea*
		usa
			wendet an
			Bildung ❖ *benutzt*
			Endungen/Suffixe
			regional ❖ *dialektal*

13.8. Anáfora (f.) *Anapher*

repetición de una o varias
palabras al principio
de un verso/de una frase

Wiederholung eines oder
mehrerer Wörter am
Versanfang/Satzanfang

«*Ya sé de dónde vienes.*
Ya sé quién eres.»

Schon weiß ich, woher du kommst.
Schon weiß ich, wer du bist.

el autor *repite* la misma	*expresión* palabra *vocablo*	al comienzo al principio	*wiederholt* ❖ *Ausdruck* *Wort*
de cada frase de varias de algunas	|frases		

la anáfora	da *confiere*	*fuerza expresiva* *énfasis*	a la frase	*Nachdruck* *verleiht* ❖ *Emphase*

mediante la *reiteración* | el autor quiere	el *empleo anafórico*	del vocablo ... de la expresión ... *atraer la atención* del lector *acentuar* la *importancia* de algo	*mittels* ❖ *anaphorischer* *Gebrauch* ❖ *Wiederkehr* *die Aufmerksamkeit wecken* *betonen* ❖ *Bedeutung/* *Wichtigkeit*

13.9. Asíndeton (m.)/Disyunción (m.) *Asyndeton*

supresión de conjunciones

Auslassung von Konjunktionen

«*Llegué, vi, vencí.*»

Ich kam, sah und siegte.

las tres últimas frases no están	*unidas* *ligadas* *enlazadas*	con conjunciones	*verbunden* *verkoppelt* *verknüpft*

116

el autor	suprime evita no emplea	conjunciones para dar más	läßt aus vermeidet
	concisión rapidez vigor	a la frase a la estrofa al verso	Prägnanz Schnelligkeit Kraft

mediante	el empleo la aplicación	de este recurso	durch ❖ Gebrauch ❖ Mittel Anwendung
literario, llamado asíndeton,		vigor	erhält ❖ Kraft
recibe la expresión mayor		energía	Ausdruck ❖ Wirkungskraft

el asíndeton		en el lenguaje	
la falta de	ligaciones sintácticas nexos		Fehlen ❖ syntaktische Verbindungselemente
	del protagonista de un personaje	refleja hace patente muestra	spiegelt wider zeigt sehr deutlich zeigt
⎮ el esta- do de	perturbación inquietud conmoción	en el que se halla	Zustand ❖ Verwirrung sich befindet ❖ Unruhe Erschütterung

13.10. Elipsis (f.)   *Ellipse/Auslassung*

supresión de elementos de la frase   **Auslassung von Satzteilen**

«*Lo bueno, si breve, dos veces bueno.*»   *Das Gute, wenn kurz,*
(*Lo bueno, si es breve, es dos veces bueno.*)   *zweimal gut.*

la elipsis del verbo	da confiere	energía rapidez poder sujestivo	Kraft/Wirkung verleiht ❖ Schnelligkeit Anziehungskraft
		a la expresión al verso a la frase	Ausdruck

en el tercer verso en la quinta línea	el autor	prescinde del suprime el	verbo	verzichtet auf läßt aus

| el autor | emplea | dos frases elípticas | gebraucht ❖ elliptisch |
| | utiliza | | wendet an |

en una oración	falta		el verbo	Satz ❖ fehlt
	se ha	suprimido		ist ausgelassen worden
		omitido		

la elípsis	dificulta	la comprensión de una	erschwert ❖ Verständnis
	hace difícil		macht schwer
frase y hace que	aumente	la concentración	steigert ❖ Konzentration
		la atención	Aufmerksamkeit
I del lector			

13.11. Perífrasis (f.)   *Umschreibung*

Expresar con varias palabras lo que podría efectuarse con una sola.

mit mehreren Wörtern etwas ausdrücken, das man mit einem einzigen Wort ausdrücken könnte.

la ciudad eterna: Roma   *die ewige Stadt: Rom*

el autor	llama perifrásticamente a Roma	umschreibt Rom als
	da a Roma el nombre de	gibt/verleiht Rom den Namen
	I «ciudad eterna»	

al autor	emplea	una perífrasis	gebraucht
	usa	un rodeo de palabras	wendet an ❖ Umschreibung
	utiliza	un circunloquio	benutzt ❖ Umschreibung
	se sirve de		bedient sich
I para evitar un término		determinado	vermeiden ❖ Wort ❖ bestimmt
		malsonante	anstößig
		tabú	tabuisiert

esta perífrasis es en realidad un			Wirklichkeit
eufemismo para			Euphemismus
evitar	el empleo	de la palabra	«muerte»	vermeiden ❖ Gebrauch ❖ «Tod»
	el uso		«robar»	Anwendung ❖ «stehlen»
	la palabra			

alteración del orden lógico de las palabras		**Veränderung der logischen/**	
del orden/gramatical		**grammatikalischen Wortfolge**	
en la frase		**im Satz**	

el autor	*altera* el	*orden gramatical*	*ändert* ❖ *grammatikalische Reihen-*
	cambia el	de las palabras	*folge* ❖ *ändert*
	deroga el	en la frase	*setzt außer Kraft*
	no se atiene al		*hält sich nicht an*

el hipérbaton	hace *difícil*	la *compresión* de	*schwierig* ❖ *Verständnis*
	dificulta		*erschwert*
		una frase	
		un *fragmento*	*Abschnitt*

el autor	*emplea*	el hipérbaton	*gebraucht*
	se sirve de		*bedient sich*
	utiliza		*wendet an*
		para *resaltar*	una palabra	*hervorheben*
		poner de relive		*betonen*

mediante	el hipérbaton el autor		*mittels*
utilizando			
	da mayor relieve a	la última palabra	*verleiht mehr Nachdruck*
	acentúa	la primera palabra	*betont*
	l de la frase		

exageración fuera de los límites	**maßlose Übertreibung**
«Te lo he dicho mil veces.»	*Ich habe es dir tausendmal gesagt.*

hacer una *exageración*	*enorme*	*Übertreibung* ❖ *ungeheuer*
	desmedida	*maßlos*
	desmesurada	*maßlos*
	inaudita	*unerhört*
	grotesca	*grotesk*

| el autor | aumenta | al | decir que ... (+ ind.) | übertreibt ❖ wenn er sagt |
| | exagera | | afirmar que ... (+ ind.) | übertreibt ❖ behauptet |

mediante el hipérbole el autor	destaca	algo	mittels ❖ hebt hervor
	da realce a		verleiht Nachdruck
	acentúa		betont
	recala		stellt heraus

el autor combina la hipérbole con la comparación			verbindet ❖ Vergleich ❖ und
resultando	lo que podríamos	llamar	das ergibt, was wir nennen könn-
y obtiene		denominar	ten ❖ erreicht ❖ bezeichnen
una comparación hipebólica			hyperbolischer Vergleich

el adjetivo hiperbólico es	un procedimiento	Mittel
	un recurso	Mittel
de realce expresivo		Hervorhebung/Betonung

13.14. Interrogación (f.) retórica   ***Rhetorische Frage***

Pregunta que no espera respuesta.   **Frage, die keine Antwort erwartet.**

el autor presenta una idea en forma de pregunta		trägt einen Gedanken als Frage
no para obtener una respuesta, sino para		vor ❖ erreichen ❖ Antwort
robustecer	su opinión	bekräftigen ❖ Meinung
evidenciar	la certeza su opinión	verdeutlichen ❖ Gewißheit
hacer ver		deutlich machen/darlegen

en la	interrogación retórica el autor	
por medio de la		durch/mit Hilfe
mediante la		mittels
	se dirige	al lector directamente	wendet sich an ❖ direkt
	apela		appelliert

con la interrogación retórica el autor		
hace partícipe	al lector en	schließt... mit ein
implica		zieht hinein
	la exposición de	su tesis	Darlegung
		sus ideas	Gedanke
		su mensaje	Botschaft

120

el autor	presenta	una idea en forma de pregunta		stellt dar
	formula			formuliert
	expone			trägt vor
	para	robustecer	su opinión	verstärken
		consolidar		bekräftigen
		reforzar		bestärken/bekräftigen

13.15. Comparación (f.)/símil (m.)   *Vergleich*

presenta la relación
o semjanza de dos objetos o ideas

stellt die Beziehung oder Ähnlichkeit zweier Objekte oder Gedanken dar

«*Las Barcas de dos en dos*
como sandalias del viento
puestas a secar al sol.»
(M. Altilaguirre)

Die Schiffe, paarweise
wie Sandalen des Windes,
die man zum Trocknen
in die Sonne gelegt hat.

el autor	compara algo con algo	vergleicht
	hace una comparación	stellt einen Vergleich an

el autor	utiliza	muchas comparaciones	gebraucht
	emplea		macht Gebrauch von
	usa		wendet an
	se sirve de		bedient sich

una comparación	acertada	gelungen
	original	originell
	intersante	interessant
	desacertada	unangebracht
	ingenua	einfältig
	trivial	abgedroschen
	traída por los cabellos	an den Haaren herbeigezogen

una comparación	pone de relieve	hebt hervor
	acentúa	betont
	realza	hebt hervor
	hace más comprensible	macht deutlicher
	una idea	
	un pensamiento	Gedanke

Uso de palabras en   **Anwendung der Wörter in**
un sentido distinto   **einem anderen Sinn,**
del que tienen en la realidad.   **als sie in der Wirklichkeit haben.**

el autor	*emplea*	muchas metáforas	*gebraucht*
	se sirve de		*bedient sich*
	utiliza		*wendet an*

una metáfora	*acertada*	*gelungen*
	lograda	*gelungen*
	original	*originell*
	rebuscada	*gekünstelt*
	muy conocida	*sehr bekannt*
	muy usada	*sehr gebräuchlich*
	trivial	*abgedroschen*

| una metáfora | *produce* | un *efecto sorprendente* | *bewirkt* ❖ *Effekt* |
| | *surte* | | *überraschend* ❖ *ruft hervor* |

esta metáfora	*está tomada*	de la *biblia*	*ist entnommen* ❖ *Bibel*
	ha sido *sacada*	de la *mitología* I	*entnommen* ❖ *Mythologie*
		griega	*griechisch*
		latina	*lateinisch*

el autor	*emplea*	muchas metáforas	*gebraucht*
	se sirve de		*bedient sich*
	relacionadas	*con la naturaleza*	*die mit der Natur*
	que tienen que ver		*zu tun haben*

una palabra	*no está tomada*	*en sentido*	*real*	*wird nicht gebraucht im eigent-*
	no está *empleada*		*propio*	*lichen Sinne* ❖ *angewandt*
	sino *metafóricamente*			*metaphorisch*
	sino en sentido	*metafórico*		*metaphorisch*
		figurado		*übertragen*

la *abundancia* de metáforas	hace difícil	*Fülle*
	dificulta	*erschwert*
	la *comprensión* del texto	*Verständnis*

13.17. Personificación (f.) *Personifizierung*

el autor	atribuye a	animales		schreibt zu ❖ Tieren
	supone en	seres *inertes*		setzt voraus ❖ Wesen ❖ unbelebt
	otorga a	seres *inanimados*		verleiht ❖ tot
		seres *abstractos*		abstrakt
		cualidades	humanas	Eigenschaften
		características		Beschaffenheiten
		propiedades		Qualitäten

el autor *personifica*	a la *naturaleza*	personifiziert ❖ Natur
	al *mar*	Meer
	a un *ser* abstracto	Wesen

el autor *se dirige*	a seres *inertes*	wendet sich ❖ unbelebt
	a seres abstactos	
	como si pudiesen oírle	als ob sie ihn hören könnten

mediante esta personificación		el autor nos quiere	mittels/durch
partiendo de esta personificación			ausgehend von
	mostrar	que ... (+ indic.)	zeigen
	hacer ver		deutlich machen

| el autor personifica a algo *escribiéndolo con mayúscula* | indem er es groß schreibt |

13.18. Apóstrofe (m.) *Anrede/Apostrophe*

**exclamación dirigida
a un ser que no está presente**

*Anrede, die an ein Wesen gerichtet ist,
das nicht anwesend ist.*

«*Para y óyeme ¡oh Sol!,
yo te saludo.*»
(Espronceda)

*Halte an und höre mich;
oh Sonne, ich grüße dich.*

el autor *se dirige* a seres	*inanimados*	wendet sich ❖ Wesen
	lejanos	leblos ❖ fern
	inexistentes	nicht existierend
	que *no pueden oírle*	ihn nicht hören können

13.19. Contraste (m.)/Antítesis (m.)

contraposición de ideas
y pensamientos

Gegenüberstellung von Ideen
und Gedanken

la segunda parte	*comienza* con	una antítesis	*fängt an*
	se abre con	un contraste	*beginnt*
	contiene		*enthält*

el autor	*opone*	algo a algo	*stellt gegenüber*
	contrapone	dos ideas	*hebt ... voneinander ab*
		dos *opiniones*	*Meinungen*

el autor	*contrasta*	dos ideas	*kontrastiert*
	pone en contraste		*stellt gegenüber*
		opuestas	*entgegengesetzt*
		antitéticas	*antithetisch*

en la parte central	*encontramos*		*finden wir*
	se encuentran		*befinden sich*
dos *paralelismos* antitéticos			*Parallelismen*

la antítesis	*hace resaltar*	algo	*hebt hervor*
el contraste	*da relive a*		*betont*
	nos hace ver claramente		*läßt uns deutlich erkennen*

13.20. Paradoja (f.)

ideas aparentemente contradictorias **Ideen, die scheinbar widersprüchlich sind.**

«La elocuencia del silencio» *Die Beredsamkeit der Schweigsamkeit*

el autor *presenta unidas* dos ideas		*zeigt aneinander gekoppelt*
a primera vista	*contradictorias*	*auf den ersten Blick* ❖ *widersprüchlich*
aparentemente	*opuestas*	*scheinbar* ❖ *gegensätzlich*

una frase	*encierra*	aparentemente	*enthält*
	contiene		*hat zum Inhalt*
		una *contradicción*	*Widerspruch*
		una paradoja	

el autor	emplea utiliza	expresiones aparentemente contradictorias	wendet an gebraucht

una paradoja	encierra en el fondo entraña	una gran verdad enseñanza	enthält ❖ im Grunde schließt in sich Wahrheit Lehre

el absurdo aparente de la tercera frase			Widersinn ❖ scheinbar
da relive a	una idea		betont ❖ Idee
hace resaltar	un matiz		hebt hervor ❖ Nuance
da vigor a	un aspecto		Nachdruck ❖ Aspekt

13.21. Humor (m.) *Humor*

en el texto	hay algunos se encuentran podemos constatar	elementos humorísticos	Elemente ❖ befinden sich ❖ humoristisch feststellen

el autor	se sirve de emplea utiliza	algunos elementos que provocan la risa	bedient sich ❖ gebraucht hervorrufen ❖ Lachen wendet an

algo	inesperado sorprendente que llama la atención que rompe la monotonía	constituye	unerwartet ❖ ist überraschend was auffällt was die Monotonie bricht
un elemento	cómico divertido gracioso hilativo		spaßhaft lustig witzig spaßig

una exageración	provoca	la risa	del	Übertreibung ❖ ruft hervor ❖ Lachen
un contraste	origina		en el	Kontrast ❖ veranlaßt
una torpeza				Ungeschicklichkeit
un malentendido				Mißverständnis
un juego de palabras				Wortspiel
lector				
auditorio				Zuhörer

el autor	nos dice	*lo contrario* de lo	das Gegenteil
	escribe	que piensa	
	deja sobreentender		*läßt durchblicken*

una ironía	*fina*	scharf
	a penas perceptible	kaum wahrnehmbar
	mordaz	bissig
	cruel	grausam

el autor	*emplea*	una frase	irónica	wendet an
	utiliza	una *expresión*		gebraucht ❖ Ausdruck
	se sirve de			bedient sich

comprender	la ironía de una expresión	verstehen
captar		vernehmen

al autor	critica	*con ironía*	a una persona	ironisch
	ridiculiza	irónicamente	una idea	zieht ins Lächerliche
			una *posición*	Stellung
			una *sentencia*	Aussage

III
COMENTARIO PERSONAL

1. Generalidades (f.p.)   *Allgemeines*

1.1. Opinión (f.) personal   *persönliche Meinung*

parecer (m.), *juicio* (m.), *criterio* (m.)   **Ansicht** ❖ **Erachten** ❖ **Gesichtspunkt**

a mi	modo	de	pensar, ...
	manera		ver, ...

meiner Meinung nach

en mi opinión, ...
a mi entender, ...
a juicio mío, ...
a mi parecer, ...
según mi criterio, ...

yo creo	que ... (+ indic.)	*ich glaube*
yo no creo	(+ subj.)	
yo pienso	(+ indic.)	*ich denke*
yo no pienso	(+ subj.)	
yo opino	(+ indic.)	*ich finde*
yo no opino	(+ subj.)	
yo estimo	(+ indic.)	*ich finde/schätze*
yo no estimo	(+ subj.)	

me parece	que sí	*mir scheint* ❖ *ja*
creo	que no	*ich glaube* ❖ *nein*
pienso		
opino		
estimo		

lo que constato personalmente es que ... (+ indic.)   *was ich selbst feststelle*
no hay duda que ... (+ indic.)   *es ist gewiß*
está fuera de duda que ... (+ indic.)   *es steht außer Zweifel*
sin duda que ... (+ indic.)   *ohne Zweifel/zweifellos*
no cabe duda que ... (+ indic.)   *es besteht kein Zweifel*
                                                            daran

lo que	me admira	sobre todo	mich verwundert ❖ vor allem
	me asombra	principalmente	in Erstaunen versetzt
	me sorprende	en particular	hauptsächlich ❖ überrascht
		particularmente	besonders
	es el *hecho*	que ... (+ indic.)	Tatsache
	es	(+ subj.)	

| *si mal no recuerdo*, ... | wenn ich mich richtig entsinne |

| no me puedo *formar* | una opinión | bilden ❖ Meinung |
| | un *juicio* | Urteil |

1.2. Elementos (m.p.) estructurantes   *strukturierende Elemente*

en primer	lugar	erstens
en segundo		zweitens
en tercer		drittens
en último		zuletzt/schließlich

por	un lado	einerseits
	una parte	
	otro lado	andererseits
	otra parte	

de	un lado	einerseits
	otra parte	andererseits
	otro lado	

comenzar	diciendo	que ... (+ indic.)	zunächst sagen
empezar	advirtiendo		darauf aufmerksam machen
continuar	observando		weiterhin ❖ bemerken
seguir			
terminar			schließlich/abschließend
acabar			
por último			zuletzt
finalmente			zum Schluß/abschließend
en conclusión			schließlich
en definitiva			letzten Endes

1.3. Referencia (f.) *Bezug*

respecto a ...		*was ... betrifft/anbelangt*
tocante a ...		
en lo que	concierne a ...	
	respecta a ...	
	toca a ...	

en cuanto a ...		
por lo que respecta a ...		
concerniente a ...		
a juzgar por lo que dice	*el autor, ...*	*nach dem zu urteilen, was der Autor sagt*
	alguien, ...	

1.4. Observaciones (f.p.) *Bemerkungen/Anmerkungen*

hay que	*añadir*	que ... (+ indic.)	*es muß noch bemerkt werden*
es necesario	*agregar*		*es muß hinzugefügt werden*
es menester			*es muß*

añádase	que ... (+ indic.)	*hinzu kommt*
agréguese		*außerdem*

en todo caso, ...   *auf jeden Fall*

de	*todas formas, ...*	*jedenfalls*
	todos modos, ...	
en cierto sentido, ...		*in gewissem Sinne*
según y como ...		*je nachdem/genauso wie*
desde este punto de vista, ...		*unter diesem Gesichtspunkt*
queda por saber si ... (+ indic.)		*es bleibt zu wissen, ob*

es necesario	*distinguir* entre ... y ...	*notwendig* ❖ *unterscheiden*
es menester		*nötig*
hay que		

1.5. Resumen (m.)

Zusammenfassung

concluyendo	se puede	decir	zusammenfassend
resumiendo		afirmar	zusammenfassend ❖ behaupten
en *pocas*	palabras		wenig
en *breves*			wenig
para abreviar			um es kurz zu machen
summa summarum			alles in allem
en resumen	l que ... (+ indic.)		zusammenfassend
en conclusión			kurz und gut

es decir	das heißt/man kann sagen
esto es	

2. Asentimiento (m.) *Zustimmung*

2.1. Acuerdo (m.) *Einverständnis/Zustimmung*

conformidad (f.), *asentimiento* (m.) *Einwilligung/Zustimmung*
aprobación (f.) *Billigung*

estar de acuerdo	con el *parecer*	del autor	*Ansicht*
concordar	con la *opinión*		*übereinstimmen* ❖ *Meinung*
	con el autor	en un *punto*	*Punkt*
		en varios puntos	

abundar en	las mismas ideas	que el autor	*sich anschließen*
	los mismos *convencimientos*		*Überzeugungen*

compartir	*totalmente*	la *convicción*	del autor	*teilen* ❖ *ganz* ❖ *Über-*
	casi totalmente	las *ideas*		*zeugung* ❖ *Vorstellungen*
		la *opinión*		*Meinung*
		el *parecer*		*Auffassung*

opinar	*de igual manera*	*que el autor*	*der gleichen Meinung wie*
pensar	del mismo modo		*der Verfasser sein*

ser	*completamente*	de la opinión	de alguien	*ganz*
	totalmente	del *parecer*		*völlig* ❖ *Ansicht*
	enteramente			*gänzlich*

poder *identificarse*	con las ideas del autor		*sich identifizieren*
	con lo que el autor	dice	
		afirma	*behauptet*
		propone	*vorschlägt*

estar	*plenamente*	de acuerdo con lo que	*durchaus*
	absolutamente	el autor dice	*absolut*

ser	*del mismo parecer*	que el autor	*der gleichen Ansicht*
	de la misma opinión		*der gleichen Meinung*

como el autor				
yo también *soy patidario* de	+ (infin.)			*ich bin dafür*
	que ... (+ subj.)			

2.2. Tener razón   *Recht haben*

el autor tiene	razón	*al*	*decir*	que ... (+ indic.)	*wenn er sagt*
	mucha razón	*en*	*afirmar*		*behauptet*
	toda la razón				*völlig Recht*

lo que el autor	dice	es	*cierto*	*wahr*
	afirma		*indiscutible*	*unbestreitbar*
			evidente	*offensichtlich/evident*
			incuestionable	*(steht) außer Frage*

hay que	*reconocer*	que el autor tiene razón	*anerkennen*
	aceptar		*billigen/anerkennen*
	admitir		*zugeben*
	conceder		*einräumen*
		al decir	que ... (+ indic.)	*wenn er sagt*
		al *asegurar*		*versichert*
		|al *afirmar*		*behauptet*

el autor	dice	*con razón*	que ... (+ indic.)	*mit Recht*
	afirma	*con acierto*		*behauptet* ❖ *treffend*
	declara	*acertadamente*		*erklärt* ❖ *treffend*
	sostiene			*behauptet*

estoy de acuerdo con	la *afirmación*	del autor	*Behauptung*
acepto plenamente	la *proposición*		*billige* ❖ *völlig* ❖ *Vorschlag*

todo *induce a*	*creer*	que el autor tiene razón	*spricht dafür* ❖ *glauben*
	aceptar		*annehmen*
	reconocer		*anerkennen*

la *afirmación*	del autor	es evidente	*Behauptung*
la *constatación*		*está fuera de duda*	*Feststellung*
		no admite dudas	*steht außer Frage*

imparcialidad (f.), *neutralidad* (f.)   **Unparteilichkeit ❖ Unvoreinge-**
pertinencia (f.)   **nommenheit ❖ Sachlichkeit**

el autor	*expone*	los *hechos*	*legt dar* ❖ *Fakten*
	analiza	los *acontecimientos*	*untersucht* ❖ *Ereignisse*
	juzga	los *sucesos*	*beurteilt* ❖ *Geschehen*
	describe		*beschreibt*
	interpreta		*interpretiert/deutet*
		objetivamente	*sachlich/objektiv*
		sin apasionamiento	*leidenschaftslos*
		desapasionadamente	*gelassen*
		sin prejuicios	*ohne Vorurteile*
		imparcialmente	*unparteiisch*

| el autor es | *objetivo* | *sachlich/objektiv* |
| | *imparcial* | *unparteiisch* |

| el autor | *se muestra* | imparcial | *zeigt sich* |
| | *se declara* | | *erklärt sich für* |

| *juzgar* | *objetivamente* | *beurteilen* ❖ *sachlich/* |
| | *con objetividad* | *objektiv* |

el autor	*evita*	*todo tipo* de		*vermeidet* ❖ *jede Art*
	rehuye			*geht aus dem Wege*
	prejuicios		*a la hora de*	*Vorurteile* ❖ *bei/wenn er*
	ideas preconcebidas		al	*vorgefaßte Meinung*
		juzgar	*a alguien*	*beurteilen*
		enjuiciar		*beurteilen*
		pronunciarse sobre	*alguien*	*sich äußern*
			algo	

hay que	*reconocer*	la objectividad	*anerkennen*
	tener en cuenta	la imparcialidad	*beachten*
	alabar		*loben*
con la que el autor	*expone*	el problema	*darstellt*
	presenta		*vorträgt*
	analiza		*analysiert*

2.4. Exactitud (f.) *Genauigkeit*

precisión (f.), *rigor* (m.)   **Sorgfältigkeit** ❖ **Gründlichkeit**

el autor	*indica*	algo	con precisión	*zeigt*
	muestra		con exactitud	*führt vor Augen*
	describe		*exactamente*	*beschreibt* ❖ *genau*
	expone			*legt dar*
	da a conocer			*bringt zur Kenntnis*

el autor expone	un *juicio*	muy *diferenciado*/a	*Beurteilung* ❖ *diffe-*
	una *opinión*		*renziert* ❖ *Meinung*
	sobre	una *cuestión*	*Frage*
	referente a	un tema	*bezüglich*
	acerca de	un problema	
		una problemática	

el autor	*precisa*	algo	con exactitud *matemática*	*gibt an* ❖ *mathematisch*
	expone		*muy detalladamente*	*sehr ausführlich*
	describe		*bé por bé*	*ganz genau/peinlich genau*
			cé por cé	*ganz genau/minutiös*
			punto por punto	*Punkt für Punkt*

2.5. Conocimiento (m.) de causa *Sachkenntnis*

competencia (f.), *preparación* (f.)   **Kompetenz** ❖ **Fachwissen**

el autor	habla	con *pleno* conocimiento de causa	*gründlich*
	escribe		
	se exterioriza		*äußert sich*

el autor	*conoce*	bien	una *materia*	*kennt* ❖ *Gebiet*
	domina	*a fondo*	un problema	*beherrscht* ❖ *gründlich*
		profundamente	una problemática	*genauestens*
			un tema	
			una cuestión	

raciocinio (m.), *argumentación* (f.)   **Gedankengang** ❖ **Argumentation**

el autor	razona	con acierto	zieht Schlüsse ❖ treffend
	argumenta	acertadamente	argumentiert ❖ geschickt
	arguye	con conocimiento de causa	argumentiert ❖ Sachkenntnis
	raciocina		zieht Schlüsse

los argumentos	empleados	por el autor son	angewandt
	aducidos		angeführt
		sólidos	stichhaltig
		lógicos	logisch
		claros	deutlich
		irrefutables	unwiderleglich
		irrebatibles	unwiderlegbar

el autor	sostiene	una tesis contra viento y marea	verteidigt ❖ allen Wider-
	defiende		ständen zum Trotz

el autor defiende	una tesis	con	buenos	These
	una proposición		sólidos	Vorschlag ❖ stichhaltig
		l argumentos		

el autor	apoya	su tesis en argumentos sólidos	begründet auf
	basa		basiert auf

el autor	alega	razones	de mucho peso	führt an ❖ gewichtig
	aduce	argumentos		führt an

el autor	argumenta	con mucha lógica	argumentiert ❖ sehr logisch
	arguye	con razones evidentes	argumentiert ❖ offensicht-
		concluyentes	lich ❖ schlüssig

en la tercera parte	aparece	una objeción	erscheint
	encontramos		finden wir
	se encuentra		befindet sich
		sutil	scharfsinnig
		bien fundada	begründet
		irrefutable	unwiderlegbar

2.7. Probabilidad (f.)

factibilidad (f.), *viabilidad* (f.)   Machbarkeit ❖ Durchführbarkeit

una *conjetura*	*reúne*	*indicios*	de probabilidad	*Vermutung* ❖ *beinhaltet*
una hipótesis		*síntomas*		*Anzeichen* ❖ *Symptome*
una *sospecha*				*Verdacht*

| una hipótesis *resulta* | *cierta* | *erweist sich als wahr* |
| | *acertada* | *treffend* |

la *proposición* del autor	es *viable*	*Vorschlag* ❖ *machbar*
	tiene *posibilidad*	*Möglichkeit* ❖ *verwirklicht*
	de *llevarse a cabo*	*werden*

2.8. Crítica (f.)

Kritik

reproche (m.), *recriminación* (f.)   Vorwurf ❖ Anschuldigung

el autor *critica*	*justamente*	*algo*	*kritisiert* ❖ *mit Recht*
	con acierto	*a alguien*	*treffend/mit Recht*
	acertadamente		*treffend*
	con razón		*mit Recht*

las *acusaciones*	que al autor	*hace* a/contra	*Beschuldigungen* ❖ *macht*
los reproches		*formula* contra	*äußert*
las recriminaciones			
la crítica			
algo	están/está *bien fundados*/as/a		*wohl begründet*
alguien	son/es *justos*/as/a		*gerechtfertigt*
	legítimos/as/a		*legitim*
	procedentes/e		*angemessen*

el autor *hace* una crítica	*constructiva*	*üben* ❖ *konstruktiv*
	justa	*gerechtfertigt*
	bien fundada	*wohl begründet*
	bien *documentada*	*erwiesen*
	severa	*hart*

3. Restricción (f.) *Einschränkung/Vorbehalt*

3.1. Duda (f.) *Zweifel*

poner en duda	algo	in Zweifel ziehen
dudar de		zweifeln an ❖ weit entfernt
distar mucho de creer		davon sein, zu glauben

se puede	dudar de		la *eficacia*	Wirkung
	poner en tela de juicio		la *eficiencia*	in Frage stellen ❖ Auswir-
	poner en duda			kung ❖ in Frage stellen
I de la *medida*	expuesta	por el autor		Maßnahme ❖ vorgetragen
	formulada			formuliert
	propuesta			vorgeschlagen
	sugerida			angeregt
	insinuada			angedeutet

dudar	que ... (+ subj.)	daran zweifeln, daß ...
poner en duda		
distar mucho de creer		
poner en tela de juicio		

3.2. Desconocimiento (m.) *Unkenntnis*

falta (f.) de información **Mangel ❖ Information**

el autor debería	pensar en	las *consecuencias*	bedenken ❖ Folgen
	reparar en	los *resultados*	achten ❖ Ergebnisse
	comedir	las *secuelas*	ermessen ❖ Nachwirkungen
	reflexionar	los *efectos*	nachdenken ❖ Konsequenzen
	sobre		
I que puede *traer consigo*		una *decisión*	mit sich bringen ❖ Entschei-
		una *medida*	dung ❖ Maßnahme
		una *acción*	Handlung/Tat

el autor	desconoce	en parte	algo	kennt nicht ❖ teilweise
	ignora	casi por completo		weißt nicht ❖ ganz
		totalmente		ganz
		completamente		völlig

3.3. Inexactitud (f.) *Ungenauigkeit*

imprecisión (f.) **Unbestimmtheit**

el autor	no tiene en cuenta	algo	zieht nicht in Betracht
	no toma en consideración	que ...	berücksichtigt nicht
	no tiene presente	(+ indic.)	hat nicht vor Augen
	no repara en		bemerkt nicht
	olvida		vergißt
	no parece saber		scheint nicht zu wissen
	ignora		ignoriert

una *afirmación*	pide	una *explicación*	Behauptung ❖ bedarf ❖ Erklärung
un *aserto*	exige	una *aclaración*	Aussage ❖ verlangt ❖ Erläuterung
		un *esclarecimiento*	Verdeutlichung
		una *especificación*	genauere Erläuterung

3.4. Acuerdo restringido *beschränkte Zustimmung*

estar de acuerdo	con el autor		einverstanden sein
concordar			zustimmen
		en *un sólo punto*	nur ein Punkt
		en *varios* puntos	mehrere

la primera *afirmación*	lógica		Behauptung ❖ logisch
del autor es	de sentido común		allgemein einsichtig
	pero ...		
	mas ...		aber
por lo que	respecta	a la segunda	*afirmación*	was ... betrifft ❖ Aussage
	toca		*propuesta*	Vorschlag ❖ angeht
	se refiere			was ... sich bezieht
	no tengo nada que	objetar		ich habe nichts einzuwenden
		replicar		entgegenzusetzen

la opinión del autor es	discutible		anfechtbar
	muy	problemática	problematisch
	extremamente		äußerst
	sumamente		höchst

| compartir | en parte | la opinión del autor | teilen ❖ teilweise |
| | parcialmente | | zum Teil |

3.5. Grado (m.) de probabilidad   *Wahrscheinlichkeitsgrad*

una *proposición*	no carece de		Vorschlag ❖ hat be-
una *afirmación*	no deja de tener		stimmt ❖ Feststellung
una idea	tiene	sin duda	hat ohne Zweifel
una tesis		indudablemente	zweifellos
una *sugerencia*		sin ningún género de dudas	Anregung ❖ zweifellos
		realmente	freilich
		de facto	wirklich
		de hecho	tatsächlich
	cierto	interés, pero ...	gewiß ❖ Interesse
	determinado		bestimmt

una	hipótesis	reúne	verdaderamente	vereint
	conjetura	contiene	de facto	Vermutung ❖ beinhaltet
		posee	de hecho	weist auf ❖ tatsächlich
			efectivamente	wahrlich ❖ offensicht-
			evidentemente	lich ❖ Anzeichen ❖ Wahr-
algunos	indicios	de probabilidad		scheinlichkeit ❖ gewiß
ciertos	síntomas	de viabilidad		Symptome ❖ Durchführ-
no pocos		de poder	llevarse a cabo	barkeit ❖ durchgeführt wer-
bastantes			realizarse	den ❖ verwirklicht werden
numerosos				zahlreich
serios				ernstzunehmend
escasos				wenig
muchos				viel
claros				deutlich

ángulo (m.), *aspecto* (m.)   **Winkel** ❖ **Aspekt**

el autor	*examina*	un problema	*únicamente*	untersuchen ❖ lediglich
	analiza	una *cuestión*	*sólo*	Frage ❖ nur
	trata	un *asunto*	exclusivamente	behandelt ❖ Sachverhalt
	aborda			schneidet an
		l desde el punto de vista	*económico*	wirtschaftlich
			comercial	kaufmännisch
			ecológico	ökologisch
			antropológico	anthropologisch

el autor	*olvida*	el aspecto	económico	vergißt
	no expone		político	bringt nicht vor
	no menciona	un *componente*	importante	erwähnt nicht ❖ Fak-
			esencial	tor ❖ wesentlich
			fundamental	grundsätzlich
		del *problema*		Problem
		del *asunto*		Frage

es *menester*	nötig
hay que	man muß
es *necesario*	notwendig
es totalmente *imprescindible*	unentbehrlich
examinar algo desde el punto de vista *práctico*	untersuchen ❖ praktisch
tener en cuenta el aspecto moral del problema	vor Augen haben
considerar	in Betracht ziehen

desde el punto de vista	*científico*	wissenschaftlich
	jurídico	juristisch
	económico	ökonomisch
	psicológico	psychologisch
cabe objetar	que ... (+ indic.)	man kann einwenden
hay que *tener en cuenta*		beachten/vor Augen haben
se puede decir		läßt sich sagen/vorbringen

4. Disentimiento (m.) *Ablehnung*

4.1. Desacuerdo (m.) *Meinungsverschiedenheit*

discrepancia (f.), *rechazo* (m.)   **Unstimmigkeit** ❖ **Ablehnung**

no estar de acuerdo no concordar	con la *opinión* con el *parecer*	del autor

nicht einverstanden sein
Meinung ❖ nicht überein-
    stimmen ❖ Auffassung

no estar de acuerdo con lo que autor	dice
	afirma
	propone

behauptet
vorschlägt

no estar de acuerdo con ninguna/o de las/los		
afirmaciones	que el autor	*hace*
asertos		*formula*

Behauptungen ❖ vorbringt
Aussagen ❖ formuliert

la opinión	del autor no es	*aceptable*
el parecer		*admisible*
la *propuesta*		no es *compatible* con ...

annehmbar
annehmbar
Vorschlag ❖ vereinbar

no soy *partidario*	de la opinión del autor	
	de lo que el autor	dice
		afirma
		propone

Befürworter

vorschlägt

discrepar	totalmente
disentir	*por completo*
del *juicio*	del autor
de la *opinión*	
de la *manera de pensar*	

abweichen ❖ ganz
nicht zustimmen ❖ absolut
Meinung
Auffassung
Ansicht

en lo que	*discrepo*	del autor es en
	disiento	
		lo *siguiente* ...
		lo que sigue ...

ich unterscheide mich
ich bin anderer Meinung
folgendes

opino pienso	de otro modo de otra manera de otra forma	que el autor	ich denke anders als

no poder *aceptar*	*en modo alguno* *de ningún modo* *de ninguna manera*	*zustimmen* ❖ *keinesfalls* *absolut nicht* *keineswegs*
l lo que el autor	dice *afirma* *propone* *sostiene*	 *vorbringt* *vorschlägt* *behauptet*

4.2. No tener razón   *Unrecht haben*

el autor no tiene razón	*al* decir al *afirmar* al *declarar* al *asegurar*	que ... (+ indic.)	*wenn* + Ind. *behauptet* *erklärt* *versichert*

no puedo no me es posible me es imposible	*subscribir* *compartir* *adherirme* a	el *parecer* la *opinión* la *propuesta* la *proposición* del autor de alguien	*zustimmen* ❖ *Auffassung* *teilen* ❖ *Meinung* *mich anschließen* ❖ *Vorschlag* *Vorschlag*

no puedo	*en modo alguno* *de ningún modo* *en absoluto*	*compartir*	*keineswegs* ❖ *teilen* *keinesfalls* *absolut nicht*
	el *pesimismo* el *optimismo*	*infundado* del autor	*Pessimismus* ❖ *unbegründet* *Optimismus*

la *falsedad* de	una *afirmación* una *declaración*	*salta a la vista* es *evidente* está *fuera de duda* es *indudable* es *indiscutible* es *innegable*	*Unwahrheit* ❖ *Behauptung* *springt ins Auge* ❖ *Äußerung* *offenkundig* ❖ *außer Zweifel* *unzweifelhaft* *unbestreitbar* *nicht zu leugnen*

parcialidad (f.), *inobjetividad* (f.)   **Parteilichkeit** ❖ **Mangel an Objektivität**

el autor	desfigura	los *hechos*	entstellt ❖ Ereignisse
	falsea	las palabras de alguien	verfälscht
	tergiversa		verdreht

el autor	exagera	la *importancia*	übertreibt ❖ Bedeutung
	minimiza	el *alcance*	spielt herunter ❖ Tragweite
	de un *hecho*		Tatsache
	de un *incidente*		Vorfall
	de un *acontecimiento*		Ereignis

el *juicio*	que el autor formula en la	Auffassung
la *afirmación*	segunda parte del texto es muy	Behauptung
la *opinión*		Meinung
parcial		parteiisch
subjetiva		subjektiv
arbitraria		willkürlich

los *prejuicios*	que el autor *pone de manifiesto*	Vorurteile ❖ zeigt
las *arbitrariedades*		erschweren ❖ gewaltig
obstaculizan	enormemente	el *enfoque*	Eingehen ❖ verhindern
impiden	extremamente	el *tratamiento*	außergewöhnlich ❖ Behandlung
dificultan	en extremo	el *examen*	machen schwierig ❖ im
	sereno	del problema	höchsten Grade ❖ Unter-
	objetivo	de la *cuestión*	suchung ❖ unvoreingenom-
			men ❖ objektiv ❖ Frage

la *opinión*	que el autor	manifiesta	es	Meinung ❖ zeigt
el *parecer*		formula		Auffassung ❖ formuliert
		nos da		darstellt
puramente	personal		ausschließlich ❖ persönlich
muy	subjetivo/a		subjektiv
totalmente			völlig
meramente			bloß/lediglich

| el autor | es | muy | parcial | äußerst ❖ parteiisch |
| | se muestra | | tendencioso | zeigt sich ❖ einseitig |

el autor	no nombra	los *aspectos*	*nennt nicht* ❖ *Aspekte*
	no menciona	las *facetas*	*erwähnt nicht* ❖ *Seiten*
	no menta	los *lados*	*erwähnt nicht* ❖ *Seiten*
	deja sin mencionar		*läßt unerwähnt*
	no hace mención de		
	positivos/as	de algo	*positiv*
	negativos/as		*negativ*

| el autor *no consigue liberarse* de ciertos | *gelingt nicht* ❖ *sich befreien* |
| prejuicios *a la hora de juzgar* a alguien | *wenn* ❖ *beurteilt* |

4.4. Falta (f.) de conocimientos   *Mangel an Kenntnis/an Sachkenntnis*

incompetencia (f.), *incapacidad* (f.)   **Inkompetenz** ❖ **Unfähigkeit**

la *explicación*	que da el autor	no *satisface*	*Erklärung* ❖ *befriedigt*
la *aclaración*		no *convence*	*Erläuterung* ❖ *überzeugt*
		no es *convincente*	*überzeugend*

hablar	*sin conocimiento de causa*	*ohne Sachkenntnis*
juzgar		*beurteilen*
hacer conjeturas		*Vermutungen anstellen*

el hecho que	*menciona*	el autor	*carece* de	*erwähnt* ❖ *entbehrt*
	aduce		no tiene	*anführt*
	refiere			*erwähnt*
	cita			*zitiert*
	significado			*Bedeutung*
	importancia			*Wichtigkeit*

lo que el autor	dice	*no viene*	al caso	*trifft nicht zu*
	afirma	*no hace*		*behauptet*
	refiere			*erwähnt*

los *reproches*	que el autor	hace	*Vorwürfe*
las *inculpaciones*		dirige	*Beschuldigungen* ❖ *richtet*
las *críticas*			*Kritiken*
	a	alguien	*carecen de fundamento*	*entbehren jeder Grundlage*
	contra		son *infundados/as*	*unbegründet*
			injustificados/as	*ungerechtfertigt*

el autor *parte* de un/a	*principio*	que es	geht aus ❖ Prinzip
	supuesto		Voraussetzung
	presuposición		Annahme
	base		Ausgangspunkt
totalmente	*erróneo/a*		völlig ❖ irrig
completamente	*falso/a*		absolut ❖ falsch
	insostenible		unhaltbar

la *afirmación*	que el autor formula en la	Behauptung
la *constatación*	tercera parte puede	Feststellung
	considerarse como una	betrachtet werden
	perogrullada	Binsenwahrheit/Platitüde

4.5. Falta (f.) de sinceridad — *Mangel an Aufrichtigkeit*

falsedad (f.), *fingimiento* (m.) — **Falschheit ❖ Vorspiegelung**

el autor	quiere	*convencer*	a los *lectores*	überzeugen ❖ Leser
	intenta	*persuadir*		versucht ❖ überreden
	pretende			beabsichtigt
	se ha *propuesta*			vorgenommen
I con *argumentos*	*de apariencia convincente*			Scheinargumente
	aparentemente convincentes			

el autor	*corrobora*	a sus	*secuaces*	bestärkt ❖ Mitläufer
	confirma		*adeptos*	bekräftigt ❖ Anhänger
			seguidores	Gefolgschaft
en sus *prejuicios*				Vorurteile
en sus *ideas*				Vorstellungen
en su	*intolerancia*			Intoleranz
	intransigencia			Unnachgiebigkeit
	fanatismo			Fanatismus

el autor	*soslaya*	una *dificutad*	schiebt beiseite ❖ Schwierigkeit
	pasa por alto	un *problema*	geht aus dem Wege
	esquiva	un *punto* difícil	weicht aus ❖ Punkt
	rehuye		meidet
	no menciona		erwähnt nicht
	oculta		verheimlicht

el autor	nos hace *ilusiones*			*Hoffnungen*	
	nos *ilusiona*			*gaukelt vor*	
	nos *seduce*			*verlockt/verführt*	
	con *esperanzas*	totalmente	*engañosas*	*Erwartungen* ❖	*trügerisch*
	con *perspectivas*		*falaces*	*Perspektiven* ❖	*falsch*
			utópicas	*utopisch*	

el título	*no corresponde* al contenido	*entspricht nicht*
	no está en concordancia con el contenido	*stimmt nicht überein*
	induce a error	*führt irre*
	lleva	

4.6. Contradicción (f.) ***Widerspruch***

contrasentido (m.), *incoherencia* **Widersinn** ❖ **Zusammenhanglosigkeit**

una contradicción	*evidente*	*offensichtlich*
	notoria	*offenkundig*
	manifiesta	*deutlich*

una frase	*encierra*	una contradicción	*enthält*
	contiene	un contrasentido	*beinhaltet*
		una incoherencia	

los argumentos	están *llenos de* contrasentidos	*voll von*
	contienen	muchas	*beinhalten*
		algunas	*einige*
		ciertas	*gewisse*
contradicciones		
incoherencias		

la *conclusión*	está en contradicción *flagrante* con	*Schlußfolgerung* ❖ *offen-*
	contradice claramente	*kundig* ❖ *widerspricht*
I lo que el autor ha afirmado *anteriormente*		*eindeutig* ❖ *vorher*

el aserto que el autor formula en la conclusión está, a mi parecer, en contradicción con lo que ha dicho en la introducción	*die Behauptung, die der Autor in der Schluß-folgerung formuliert, steht meiner Meinung nach im Widerspruch zu dem, was er in der Einleitung gesagt hat*

| la conclusión | deduce | lógicamente de | leitet sich nicht ab |
| no se | desprende | las premisas | ergibt sich nicht ❖ Prämissen |

4.7. Probabilidad (f.)   *Wahrscheinlichkeit*

(todo) lo que el autor	propone	es	vorschlägt
	insinúa	no pasa de ser	andeutet ❖ ist nicht mehr als
I una utopía	absurda		absurd
	irrealizable		undurchführbar

lo que el autor propone	es imposible de realizar	vorschlägt ❖ undurch-
	no es posible de llevarse	führbar ❖ durchgeführt
	a cabo	werden

la proposición	que	hace	el autor no es	Vorschlag
la propuesta		menciona		Anregung ❖ erwähnt
practicable				ausführbar
realizable				durchführbar
viable				durchführbar

| el ideal que el autor nos propone es | inaccesible | Ideal ❖ unerreichbar |
| | inalcanzable | unerreichbar |

la introdución	promete más de lo que el texto contiene	verspricht ❖ beinhaltet
el título		
el autor		

el autor	tiene	una opinión preconcebida	Meinung ❖ vorgefaßt
	muestra tener	sobre algo	zeigt
	parece tener		scheint zu haben

148

| hacer una crítica | *meramente* *puramente* | *negativa* *destructiva* | *rein* ❖ *negativ* *ausschließlich* ❖ *destruktiv* |

| la crítica que el autor | hace formula | puede | |
| | *calificar*se de *tildar*se de | negativa destructiva | *bewerten* *bezeichnen* |

| la crítica del autor | no tiene *carece* de | *fundamento* *base* | *Grundlage* *entbehrt* ❖ *Basis* |

| se trata de una *objeción* | *sin fundamento* *débil* *absurda* *sin pies ni cabeza* | *Einwand* ❖ *ohne Begründung* *schwach* *absurd* *ohne Hand und Fuß* |

IV
APÉNDICE:
El lenguaje, sistema de comunicación

1. El proceso de la comunicación lingüística

linguistischer Kommunikationsprozeß

el *emisor*	*dirige*	un *mensaje*
el *hablante*	*emite*	una *información*
el *orador*	*envía*	
el *escritor*	*transmite*	
el autor		

Sender ❖ richtet ❖ Botschaft
Sprecher ❖ sendet ❖ Auskunft
Redner ❖ schickt
Verfasser ❖ übersendet

codificar	un mensaje
descodificar	
decodificar	

kodieren
dekodieren

el *receptor*	*recibe*	un mensaje
el *oyente*	*recepta*	una información
el *interlocutor*	*capta*	
el *destinatario*		
el *lector*		

Empfänger ❖ nimmt auf
Hörer ❖ empfängt
Gesprächspartner ❖ erfaßt
Adressat
Leser

2. Esquema (m.) gráfico del proceso de la comunicación lingüística
Kommunikationsmodell

	código	
emisor	*mensaje*	*receptor*
codificación		*descodificación*
	canal	
	contexto	

Code/Kode
Sender ❖ Botschaft ❖ Empfänger
Kodierung ❖ Dekodierug
Kanal
Kontext

3. Factores (m.p.) del acto de la comunicación
Elemente des Kommunikationsakts

en un acto de comunicación	puede haber
	pueden existir
interferencias	
perturbaciones	
obstáculos	

Interferenzen
Störungen
Hindernisse

factores	que	*intervienen*	*eintreten*
elementos		*se constatan*	*festgestellt werden*
		toman parte	*Teil haben*

| en el acto de la comunicación lingüística

4. Funciones (f.p.) del lenguaje   *Funktionen der Sprache*

el lenguaje puede	*asumir*	una función	*übernehmen*
	ejercer		*spielen*
	tener		

representativa	*Darstellungs(funktion)*
expresiva	*Ausdrucks(funktion)*
apelativa	*Appell(funktion)*
poética	*poetisch*

en un texto	*encontramos*	elementos	*finden wir*
	abundan los		*sind reichlich vorhanden*
	escasean los		*sind spärlich vorhanden*

representativos
expresivos
apelativos
poéticos

VOCABULARIO

Vocabulario alemán - español

A

abändern modificar 51; **leicht** ~ modular 51

abgeben exponer 53

abgedroschen trivial 121, 122

abgrenzen delimitar 114

Abhandlung ensayo (m.) 37

abheben: **sich** ~ destacarse 59; **voneinander** ~ contraponer 124

ablaufen suceder 79

ablehnen rechazar 29, 30

Ablehnung desacuerdo (m.) **28,** 29; disentimiento (m.) **142;** rechazo (m.) **142**

ableiten deducir 45, 66; sacar 68; **sich** ~ derivarse 57, 71, 72; deducirse 68, 148; **sich** ~ **lassen** poder deducirse 24

Ableitung resultado (m.) **68**

abnehmen disminuir 102; debilitarse 102

Abneigung aversión (f.) 32

abraten disuadir 23

Absatz párrafo (m.) **39,** 40, 49, 83

Abschaffung abolición (f.) 30

abschätzig despectivo/a 115

abschließend final 40; finalmente 129

Abschnitt fragmento (m.) 41, 83, 97, 119; núcleo (m.) 39, 40; párrafo (m.) **39,** 40, 41, 42, 76, 78, 111, 112; pasaje (m.) 36; segmento (m.) 93

Abschweifung digresión (f.) **15, 49;** divagación (f.) **49**

Absicht intención (f.) **19,** 45, **98,** 101, 106; objetivo (m.) 106; propósito (m.) 80; ~ **des Werbetextes** intención (f.) del texto publicitario **55; andere ~en** otras intenciones **24;** ~ **des Verfassers** intención (f.) del autor **19**

absolut totalmente 64; absolutamente 132; completamente 146; por completo 142; ~ **nicht** de ningún modo 143; en absoluto 143

abspielen: **sich** ~ transcurrir 74

Abstand: **in regelmäßigen ~en** periódicamente 94

abstrakt abstracto/a 104, 123

absurd absurdo/a 66, 148, 149

abwechseln alternar 93

abweichen discrepar 142

abwertend despectivo/a 115

achten fijarse 89; reparar 138

Achtsilber octosílabo (m.) 96

Adel nobleza (f.) 22

Adressat receptor (m.) 57; destinatario (m.) 152

affektiert amanerado/a 107

ahnen: **man ahnt** se insinúa 78; se vislumbra 78; se adivina 78

Ähnlichkeit semejanza (f.) 121

Akt acto (m.) 36, 97; jornada (f.) 97

aktiv: ~ **werden** pasar a la acción 20

aktuell: **~es Ereignis** actualidad (f.) 51; **~es** Geschehen actualidad (f.) 51, 54

akustisch acústico/a 114

akzeptieren admitir 27

Alexandriner alejandrino (m.) 92

alternieren alternar 93

allem: **vor** ~ primordialmente 43; sobre todo 83, 129

allgemein: ~ **einsichtig** de sentido común 139

Allgemeines generalidades (f.p.) **12, 16, 50, 55, 79, 128**

Alliteration aliteración (f.) **114**

Analyse análisis (m.) **12,** 83

analysieren analizar 13, 18, 36, 38, 43, 44, 53, 54, 73, 97, 105, 134

Anapher anáfora (f.) **116**

anaphorisch anafórico/a 116

anbelangen: **was ... anbelangt** tocante a 130

anbieten ofrecer 57

andere: ~ **Personen** otros pesonajes **81**

andererseits de otra parte 129; por otro lado 129

ändern cambiar 22, 119; modificar 17, 22, 22; alterar 119; **die Meinung** ~ cambiar de opinión 17; **sich** ~ cambiar 77; modificarse 77

anders de distinta manera 86; de distinta forma 86; de otro modo 143; de otra manera 143; de otra forma 143

Änderung cambio (m.) 20

andeuten insinuar 20, 148; sugerir 20

aneinander: ~**gekoppelt** unido/a 124

Aneinanderreihung yuxtaposición (f.) 60

Anekdote anécdota (f.) 64

anerkannt reconocido/a 63

anerkennen aceptar 133; reconocer 133, 134

anfachen avivar 59

Anfang comienzo (m.) 41; **am** ~ al comienzo 112, 114; al principio 112

anfangen comenzar 43, 93, 124; empezar 42; abrirse 42

anfechtbar discutible 61, 140; **nicht** ~ incontrovertible 65

anführen aducir 17, 62, 136, 145; alegar 136

angeben indicar 74; **sehr genau** ~ precisar (muy concretamente) 19, 135

angebracht oportuno/a 27, 66; pertinente 49

angedeutet insinuado/a 138

angeführt aducido/a 62, 136

angehen: **was ... angeht** por lo que toca a ... 139

angehören pertenecer 80

Angelegenheit asunto (m.) **12**

angemessen conveniente 27; procedente 137

angenehm: **von** ~**er** Erscheinung de buena presencia 85

angeordnet: ~ **sein** estar dispuesto 62; estar ordenado 62; estar estructurado 96

angepriesen anunciado/a 56

angeregt sugerido/a 138

angesichts frente a 30

angewandt empleado/a 25, 62, 108, 122, 136

angreifen combatir 65

anhaftend inherente 114

Anhänger adepto (m.) 146

anhäufen aglomerar 62

Anhäufung acumulación (f.) 115

Anklage acusación (f.) **31**

ankündigen anunciar 42, 78; enunciar 37, 38

Anlaß motivo (m.) **69, 70**

Anmerkung observación (f.) **130**

Annahme presuposición (f.) 146; supuesto (m.) 61, 64

annehmbar aceptable 142; admisible 142

annehmen adoptar 28; aceptar 72, 133

Anordnung disposición (f.) 40, 91, 94; distribución (f.) 39

anprangern denunciar 22

anpreisen anunciar 57

Anrede apóstrofe (m.f.) **123;** exclamación (f.) 123

anregen estimular 59; incitar 56; sugerir 29, 89; animar 20

Anregung propuesta (f.) 28, 148; sugerencia (f.) 140

anreizen avivar 59

anschließen: **sich** ~ abundar 132; adherirse 23, 143

anschneiden abordar 49, 141

Anschuldigung acusación (f.) 72; recriminación (f.) **137**

Ansicht manera (f.) de pensar 17, 142; opinión (f.) **16,** 28; parecer (m.) 16, 23, **128,** 132; punto (m.) de vista **17;** ideas (f.p.) 44

anspielen hacer alusión 13

Anspielung alusión (f.) **13**

anstatt en lugar de 99

anstellen: **einen Vergleich** ~ hacer una comparación 121; **Vermutungen** ~ hacer conjeturas 145

anstiften incitar 23

anstößig malsonante 104, 118

Anstrengung esfuerzo (m.) 79

anthropologisch antropológico/a 141

Antiheld antihéroe (m.) 100

Antiklimax anticlímax (m.) 91

Antipathie antipatía (f.) 32
Antithese antítesis (f.) **124**
antithetisch antitético/a 91, 124
Antonym antónimo (m.) 105
antreiben azuzar 59; incitar 56, 60
Antwort respuesta (f.) 120
antworten responder 67
anwenden aplicar 106; emplear 59, 62, 66, 105, 108; 109, 111, 112, 116, 125, 126; utilizar 93, 110, 111, 118, 119, 122, 125; usar 118, 121
Anwendung uso (m.) 108, 118, 122, aplicación (f.) 117; empleo (m.) 113
anwesend presente 123
Anzeichen indicio (m.) 137, 140
Anzeige anuncio (m.) **55**
Anziehungskraft poder (m.) sugestivo 117
Apostrophe apóstrofe (m.f.) **123**
Appell llamada (f.) 52
appellieren apelar 120
Arbeiter obrero (m.) 80
arbeitslos parado 80
Arbeitsloser obrero parado 23
argwöhnen sospechar 32
Argument argumento (m.) 27, 29, **61; Art von ~ en** tipos de argumentos **62**
Argumentation argumentación (f.) 27, 64, 68, **136; syllogistische ~** argumentación (f.) silogística **65**
argumentativ: **~e Texte** textos (m.p.) argumentativos **61**
argumentieren argumentar 62, 136; argüir 62, 136
Art especie (f.) 52, 75; tipo (m.) 52, 93, 134; índole (f.) 62; manera (f.) 105; orden (m.) 62; **~ von Argumenten** tipos (m.p.) de argumentos **62; jegliche ~** todo género 80
Artikel artículo (m.) 12, 15, 36, 37, 38, **55,** 56, 62
Aspekt aspecto (m.) 14, 38, 49, 89, 113, 125, **141,** 145
assonantisch asonante 96
Assonanz (rima) asonante (f.) 96; asonancia (f.) 96
ästhetisch estético/a 59
Asyndeton asíndeton (m.) **116;**
Aufbau estructura (f.) **39,** 51; **~ des Gedichtes** estructura (f.) del poema **89**

aufdrängen imponer 23
aufdringlich machacón/a 111
aufeinanderfolgen sucederse 75
auffallen llamar la atención 125
Auffassung parecer (m.) 33, 132, 142, 143, 144; juicio (m.) 144; opinión (f.) 142
auffordern exhortar **20,** 90; invitar 45
Aufforderungscharakter modalidad (f.) exhortativa 60
aufgebaut estructurado/a 39
aufgreifen: wieder ~ replantear 13
aufgrund: ~ von a causa de 69; por causa de 69
auflehnen: sich ~ rebelarse 23, 30
aufmerksam: **~ machen** llamar la atención 110; **darauf ~machen** advertir 129
Aufmerksamkeit atención (f.) 52, 102, 116, 118; interés (m.) 76; **die ~ richten** concentrar la atención 13
aufnehmen recibir 152
aufrichtig sincero/a 86
Aufrichtigkeit sinceridad (f.) 33, 85; **Mangel an ~** falta de sinceridad **146**
Aufruhr sublevación (f.) 23
Aufsatz artículo (m.) 15, 36, 37
aufsehenerregend espectacular 72
Aufstand rebelión (f.) 23
aufstellen asentar 63
auftauchen aparecer 67; figurar 106
aufweisen presentar 39; poseer 140
aufwerfen plantear 13, 49, 98, 99
aufwertend apreciativo/a 115
aufzählen enumerar 14, 44, 83, 113; **in allen Einzelheiten ~** extenderse en pormenores 48
Aufzählung enumeración (f.) **112**
aufzeigen mostrar 20; demostrar 62
Auge: ins ~ sehen afrontar 80; **vor ~n führen** hacer ver 19, 20, 23; **ins ~ springen** saltar a la vista 143; **vor ~en haben** tener en cuenta 141; tener presente 139
ausgearbeitet elaborado/a 79
Ausdruck expresión (f.) 25, 105, 106, 110, 116, 117, 126; vocablo (m.) **103; zum ~ bringen** expresar 18, 19, 87, 89; formular 18; **Funktionen der Ausdrücke** funciones (f.p.) de los vocablos **106**

ausdrücken expresar 29, 88, 106, 107, 113, 114, 118; traducir 87; **Gering-schätzung** ~ menospreciar 33; **sich** ~ expresarse 87, 105, 107

Ausdruckskraft expresividad (f.) 108

ausdrucksvoll expresivo/a 104, 107, 110

Ausdrucksweise manera (f.) de expresar-se 108

auseinandersetzen: **sich** ~ enfrentarse 48; **sich** ~ **mit** afrontar 23

ausführbar practicable 148

ausführlich detallado/a 13, 47, 112; amplio/a 75; minucioso/a 82, 112; ampliamente 53; detalladamente 44, 48, 113, 135; **sehr** ~ minuciosamente 12, 82; extensamente 74; **sehr** ~ con profusión de detalles 53; ~ **berichten** entrar en pormenores 48; ~ **beschreiben** detallar 49

Ausgang desenlace (m.) **77,** 98, 100; **tragischer** ~ catástrofe 78

Ausgangspunkt base (f.) 146; punto (m.) de partida **64,** 84, 89

ausgedrückt expresado/a 112

ausgeglichen reposado/a 85

ausgehen partir 40, 64, 84, 89, 123, 146

ausgeprägt marcado/a 100

ausgewogen plácido/a 100

Auskunft información (f.) **13,** 152; ~ **geben über** dar razón de 14, 47; dar parte de 14; dar cuenta de 47

auslassen suprimir 117, 118; omitir 118; **ohne Einzelheiten auszulassen** sin omitir un detalle 14

Auslassung elipsis (f.) **117;** supresión (f.) **116, 117**

auslegen comentar 73

ausmachen constituir 91

ausrotten extirpar 21

Aussage afirmación (f.) 42, 139; aserto (m.) 64, 139, 142; sentencia (f.) 126

Aussagekraft contenido (m.) 59

ausschlaggebend decisivo/a 70

ausschließlich exclusivamente 43, 62, 115; puramente 115, 144, 149

ausschmückend ornamental 115

Aussehen: **Beschreibung des** ~s: descripción (f.) física 84

aussprechen pronunciar 106; articular 30; **sich** ~ pronunciarse 26, 28, 30, 33

Auswahl selección (f.) 51

ausweichen eludir 15; esquivar 146

Auswirkung eficiencia (f.) 138

auszeichnen singularizar 85; **sich** ~ distinguirse 108; caracterizarse 108

Auszug fragmento (m.) 36

Autorität autoridad (f.) 63

außer: ~ **Zweifel** fuera de duda 47, 143

außergewöhnlich extraordinario/a 72

äußern declarar 26; exteriorizar 32, 66; formular 29, 30, 137; manifestar 18, 19, 29; **sich** ~ pronunciarse 134; exteriorizarse 135

außerordentlich extremamente 144

äußerst extremamente 80, 140; muy 144

Äußerung declaración (f.) 143; manifestación (f.) **19**

B

bagatellisieren minimizar 51

basieren basar 136; basarse 61; estar fundado 64

Basis base (f.) 63, 149

beabsichtigen intentar 19, 52, 54, 67, 83, 99; pretender 19, 52, 56, 87, 146

beachten fijarse en 108; observar 108; tener en cuenta 71, 72, 141

beängstigend angustioso/a 80

beanspruchen reivindicar 20

bedacht prudente 86

Bedächtigkeit lentitud (f.) 112

bedauerlich lamentable 73, 78; deplorable 47

bedauern deplorar 32; tener lástima de 32

Bedenken reparo (m.) **66**

bedenken pensar en 138

Bedeutung importancia (f.) 47, 71, 110, 116, 144; sentido (m.) 103; acepción (f.); significado (m.) **103,** 145; trascendencia (f.) 47; importancia (f.) 47

bedienen: **sich** ~ servirse 59, 66, 93, 108, 109, 110, 111, 119, 121, 122, 125, 126; valerse 110

bedürfen pedir 139

Bedürfnis necesidad (f.) 56, 57; apetencia (f.) 57

beeinflussen ejercer influencia **22,** 56; influir en 50; determinar 70

beeinflußt influido/a 109; influenciado/a 109

beenden concluir 45

befinden: sich ~ encontrarse 67, 76, 78, 79, 80, 83, 90, 93, 94, 105, 124, 125, 136; hallarse 76, 78, 79, 80, 83, 115, 117

befreien: sich ~ liberarse 145

befriedigen satisfacer 57, 58, 145

befriedigend satisfactorio/a 73

befürworten ser partidario 26

Befürworter partidario (m.) 142

Begehren afán (m.) 58; apetencia (f.) 56

begeistern: sich ~ entusiasmarse 26

begeistert: ~ sein estar entusiasmado 26

Begeisterung entusiasmo (m.) 85

beginnen comenzar 42, 98; iniciarse 42, 43, 98; empezar 93; entrar en 82; iniciar 76; abrir 45; abrirse 124; dar comienzo 43

begleiten acompañar 52

Begleittext: ~e zu Fotografien pies (m.p.) de fotos **52**

begreifen comprender 113

Begriff término (m.) **103,** 106

begründen apoyar 136; basar 63; fundamentar 63; justificar 17, 45

begründet fundado/a 136; **wohl~** bien fundado/a 137

Begründung fundamento (m.) **16, 63,** 149; **~ der Meinung** fundamento (m.) de la opinión **16**

behandeln tratar 12, 37, 38, 43, 45, 141; exponer 88

Behandlung tratamiento (m.) 144

beharrlich insistente 111; con tenacidad 30

Beharrlichkeit tenacidad (f.) 30

behaupten afirmar 16, 18, 44, 90, 91, 120, 131, 132, 133, 142, 143, 145; sostener 18, 133, 143; mantener 18

Behauptete: das ~ lo afirmado 47

Behauptung afirmación (f.) 30, 44, 45, 63, 64, **65,** 72, 133, 139, 142, 143, 144, 146; aserto (m.) 64, 147; **pauschale ~** afirmación (f.) categórica 60

beherrschen dominar 135

beimessen conceder 47

beinhalten encerrar 40, 112; contener 43; reunir 137

beinhalten contener 36, 38, 40, 41, 43, 44, 60, 78, 89, 94, 95, 97, 98, 99, 140, 147, 148

beinhaltet: ~ sein estar contenido 66

beiseite: ~ schieben soslayar 146

Beiseitesprechen apartes (m.p.) **101**

Beispiel ejemplo (m.) 18, 63

beitragen: dazu ~ contribuir 48; hacer 53

Beiwort epíteto (m.) **114**

bejahen aprobar 27

bekämpfen combatir 22; hacer frente a 21; impugnar 30

bekannt conocido/a 63, 74, 99, 122; **~geben** dar a conocer 52; **~machen** difundir 50; divulgar 50; dar a conocer 37, 82, 90

beklagen lamentar 32

beklagenswert lamentable 47

bekräftigen confirmar 63, 146; consolidar 121; robustecer 120

bekunden hacer ver 29; manifestar 19

bemängeln: censurar 31; **zu ~** censurable 31

bemerken observar 15, 67, 129; reparar 139; añadir 130

Bemerkung observación (f.) **14, 66, 130**

bemitleiden tener pena de 32

bemühen: sich ~ esforzarse en 83

bemüht: ~ sein esforzarse 54; **sehr ~ sein** tener mucho cuidado 54

Benehmen comportamiento (m.) 29, 31, 84; actuación (f.) 56

benehmen: sich ~ comportarse 70; portarse 70

benutzen usar 116; utilizar 118

bereit: ~ sein estar dispuesto 80

bereiten presentar 109

Bericht relato (m.) **12**

berichten: ~über relatar 12, 48, 51; **ausführlich ~** entrar en pormenores 48; **über Einzelheiten ~** pormenorizar 48

berichtigen rectificar 17

berücksichtigen tomar en consideración 139

berufen: sich ~ auf invocar 63

beruflich profesional 82

beruhen descansar 16, 63

beruhigen calmar 21

besänftigen aplacar 21

Beschaffenheit característica (f.) 123; constitución (f.) física 115

beschäftigen ocupar 41; **unablässig ~** tener obsesionado 27; **sich ~ mit** tratar de 88

beschränken: **sich ~** limitarse 14, 83, 94; ceñirse 14, 83

beschränkt: **~e Zustimmung** acuerdo (m.) restringido **139**

beschreiben describir 14, 74, 82, 84, 134, 135; **ausführlich ~** detallar 49; **genau ~** pormenorizar 74

Beschreibung descripción (f.) 82, 83, 84; **~ der Personen** descripción de los personajes **82; ~ des Aussehens** descripción física 84; **~ der Psyche** descripción psíquica 84

beschuldigen acusar 31

Beschuldigung acusación (f.) **31, 72,** 137; inculpación (f.) 145

beschwichtigen apaciguar 21

beseitigen acabar con 21; eliminar 67

Beseitigung extinción (f.) 30

besitzen poseer 58, 83, 115

besonders particularmente 129

Besorgnis preocupación (f.) **31,** 87

besorgt: **~ machen** preocupar 31

besprechen comentar 97, 105

bessern mejorar 22

Bestandteil componente (m.) **70,** 75, 90; elemento (m.) **70**

bestärken corroborar 146; reforzar 121

bestehen constar 41, 89, 95, 96, 97; componerse 39, 41, 95, 96, 97; estar compuesto/a 41; estar integrado/a 41; estar formado 89; **kein Zweifel ~** no caber duda 128

bestimmen determinar 70, 114

bestimmt determinado/a 58, 70, 74, 83, 110, 118, 140

bestreiten impugnar 65; rebatir 30, 65

betagt entrado/a en años 85

beteiligt: **~ sein** intervenir 79, 81, 82

betonen acentuar 84, 93, 106, 112, 113, 114, 116, 119, 120, 121; dar relieve 124, 125; insistir en 110; poner de relieve 119; acentuar 38, 48; recalcar 14; insistir en 14; **seine Individualität ~** individualizarse 58

Betonung realce (m.) expresivo 120

Betracht: **in ~ ziehen** considerar 141; tener en cuenta 139

betrachten considerar 42, 44, 45, 58, 146; **~ als** estimar 64

betragen: **sich ~** conducirse 70

betreffen: **was ... betrifft** por lo que respecta a ... 139; tocante a 130

betroffen: **sich ~ fühlen** darse por aludido 21

beunruhigen inquietar 27, 31

beurteilen juzgar 64, 134, 145; enjuiciar 134

Beurteilung juicio (m.) 135

Bevölkerung población (f.) 32

bewegen impeler 60

Beweggrund móvil (m.) **70**

bewegt movido/a 100

Beweis prueba (f.) **61,** 65

beweisen demostrar 17, 20, 38, 62, 65; probar 17, **20,** 37, 38, 44, 62, 65; **klar ~** evidenciar 17

Beweisführung argumentación (f.) **61;** raciocinio (m.) 64; razonamiento (m.) **136; syllogistische ~** raciocinio (m.) silogístico **65**

beweiskräftig concluyente 17

bewerten calificar 149

bewirken originar 112; producir 122; causar 21

Bewunderung admiración (f.) 25

bezeichnen denominar 120; tildar 28, 149

beziehen: **sich auf ... ~** referirse 115; **Stellung ~** tomar posición 51; **was ... sich bezieht** por lo que se refiere a... 139

Beziehung relación (f.) 121; **in ~ setzen** poner en relación 15, 89

Bezug referencia (f.) **130; ~ nehmen** hacer referencia 13, 81

bezüglich referente a 135

bezwecken tender a 22

bieten ofrecer 109

Bild cuadro (m.) 97, 98, 100; imagen (f.) 53

bilden formar 39, 94, 129; componer 39; integrar 39; constituir 39, 95; **sich ein Urteil ~** formarse un juicio 21

Bildung formación (f.) 116

Bildungsstand cultura (f.) 86

Bildungsniveau nivel (m.) cultural 82

billigen aceptar 133; asumir 72; acceder a 28; aprobar 17

Billigung aprobación (m.) **132**

Binsenwahrheit perogrullada (f.) 146

bissig mordaz 99, 126

Blankverse versos (m.p.) blancos 93

bleiben: reimfrei ~ quedar libre 96; **zu wissen** ~ quedar por saber 130

blenden: sich ~ **lassen** dejarse fascinar 21

Blick: auf den ersten ~ a primera vista 124

bloß meramente 144

Bonzentum caciquismo (m.) 21

Botschaft mensaje (m.) 37, 120, 152

Bräuche costumbres (f.p.) 99

brechen romper 125

bringen llevar 70, 73; traer 71; **an den Tag** ~ hacer patente 50; **in Verbindung** ~ relacionar 89; **mit sich** ~ traer consigo 69, 138; llevar consigo 69; conllevar 69; **näher~** ayudar a conocer 99; **zum Ausdruck** ~ expresar 18, 19, 87, 89; formular 18; **zur Kenntnis** ~ dar a conocer 135; **zur Sprache** ~ abordar 13; hacer mención de 13; exteriorizar 88

Buchstabe letra (f.) 114

Bühnenanweisungen acotaciones (f.p.) **101**

bündig sucinto 82; sucintamente 82

C

Charakter carácter (m.) 59, 83, 108

charakterisieren caracterizar **84, sich** ~ **lassen** caracterizarse 108

Charakterisierung caracterización (f.) 83, **84**

Code código (m.) 152

chronologisch cronológicamente 75

D

dafür: ~ **sein** ser partidario 133

dagegen: ~ **sein** ser contrario 29

Dargestellte: das ~ lo expuesto 47

darlegen exponer 12, 18, 38, 43, 44, 63, 90, 98, 99, 134, 135; hacer ver 120; **kurz** ~ enunciar 37; exponer 113

Darlegung exposición (f.) 120

darstellen constituir 42, 45, 75, dar 144; exponer 134; presentar 57, 121

Darstellung exposición (f.) 54

deduktiv deductivo/a 61

definieren definir 103

dekodieren descodificar 152; decodificar 152

Dekodierung descodificación (f.) 152

delikat delicado/a 15

denken opinar 143; pensar 16, 101, 128

Denker pensador (m.) 13

denotativ denotativo/o 103

destruktiv destructivo/a 149

detailliert detallado/a 82; detalladamente 53, 82; **sehr** ~ minucioso/a 112; minuciosamente 113

deuten interpretar 51, 52, 53, 54, 134

deutlich claro/a 39, 136, 140; manifiesto/a 147; claramente 19, 29, 39, 100; marcadamente 27; ~ **machen** hacer ver 14, 31, 84, 85, 120, 123; patentizar 29; exteriorizar 19; precisar 53; hacer comprensible 121; hacer patente 105; **sehr** ~ **zeigen** hacer patente 117; ~ **erkennen lassen** hacer ver claramente 124

Deutung interpretación (f.) 18

dialektal dialectal 116

Dichter poeta (m.) 12, **87**

Dichtung poesía (f.) **87;** ~ **in Versen** composición (f.) en verso **87**

dienen servir 90, 111, 90; ~ **als** servir de 43, 44

differenziert diferenciado/a 135

Diktion dicción (f.) 108

Diminutiv diminutivo (m.) **115**

direkt directo/a 108; directamente 120

diskutieren discutir 64

distanzieren: sich ~ disentir 23

doppeldeutig de doble significado 103; de doble sentido 103

Drama drama (m.) 75

Dramatiker dramaturgo (m.) 12

dramatisch dramático/a 78

Drang propensión (f.) 59

drängen impeler 56, 60

Dreisilber trisílabo (m.) 92

Dringlichkeit urgencia (f.) 62

Drohung amenaza (f.) 30

dulden tolerar 17

durch mediante 111, 117, 123; por medio de 114, 120

durchaus absolutamente 132

durchblicken: entrever 19; traslucir 19; vislumbrar 19; ~ **lassen** dar a entender 19; dejar entrever 107; dejar sobrentender 126

durchführbar realizable 148, viable 148

Durchführbarkeit viabilidad (f.) **137**, 140

durchführen llevar a cabo 140, 148

durchschauen entrever 19, 45

Dynamik dinamismo (m.) 58

E

Effekt efecto (m.) 114, 122

Egoismus egoísmo (m.) 85

egoistisch egoísta 86

Ehrgeiz ambición (f.) 58

Eifersucht celos (m.p.) 88

eigen propio/a 81, 83

Eigenart característica (f.) 89

Eigenschaft cualidad (f.) 114, 123; peculiaridad (f.) 85; **physische ~en** cualidades (f.p.) físicas **85**

eigentlich propio/a 103; **~e Nachricht** cuerpo (m.) de la noticia 51; **im ~en Sinne** en sentido real 122; en sentido propio 122

eindeutig claramente 147; de modo inequívoco 19

eindringen profundizar 53

eindringlich: ~ hinweisen insistir 48

Eindringlichkeit énfasis (m.) 108

Eindruck sensación (f.) 112

einerseits de un lado 129; por un lado 129

einfach sencillo/a 82; simple 39

einfältig ingenuo/a 121

einflößen: Mut ~ infundir ánimos 21

Einfluß: influencia (f.) **109; ~ üben auf** ejercer influencia en 50

einfügen insertar 84

einführen introducir 82, 84

Einführung planteamiento (m.) 98; presentación (f.) **82**

eingeführt expuesto/a 44

Eingehen enfoque (m.) 144

eingehend extenso/a 112; extensamente 113

eingeteilt agrupado/a 94

eingrenzen delimitar 38

Einheit centro (m.) 89; sintagma (m.) 93

einklagen reclamar 20, 22

Einklang: in ~ stehen estar de acuerdo 86

einladen invitar 90

einleiten iniciar 76; introducir 43; abrir 45

einleitend introductorio/a 23, 43, 75, 91, 97; preliminar 14; **~er Teil** preámbulo (m.) inicial 42

Einleitung introducción (f.) 23, **42,** 147

einleuchtend plausible 65; obvio/a 17

einmalig único/a 56

einnehmen tener 81; **für sich ~** atraerse 22

einordnen situar 98

Einordnung localización (f.) **36**

einprägsam: leicht ~ memorizable 59

einräumen conceder 133

Einschätzung juicio (m.) 28

einschließen comprender 42

Einschränkung restricción (f.) **138; ohne ~en** sin restricciones 29; sin reservas 29

einseitig parcial 57; tendencioso/a 144; subjetivamente 53

einsetzen utilizar 59, 105; sich ~ für propugnar por 26; abogar en favor de 26

einsichtig persuasivo/a 61; **allgemein ~** de sentido común 139

einteilen dividir 40; **neu ~** reagrupar 98

Einteilung división (f.) **40**

eintreten intervenir 70, 102, 153; manifestarse 26

einverstanden: nicht ~ sein no estar de acuerdo 29, 142

Einverständnis acuerdo (m.) **27, 132**

Einwand objeción (f.) **66,** 149; **Einwände erheben** hacer objeciones 67, 66; poner objeciones 66, 67

einwenden objetar 66, 67, 139, 141

Einwilligung conformidad (f.) **132**

Einzelheit pormenor (m.) **48; in allen ~en aufzählen** extenderse en pormenores 48; **ohne ~en auszulassen** sin omitir un detalle 14; **über ~en berichten** pormenorizar 48

einzeln: im ~en detalladamente 74

einzigartig irrepetible 56

Eitelkeit vanidad (f.) 58

elegant elegante 107

Eleganz elegancia (f.) 108

Element: elemento (m.) 89, 111, 125; **~e des Kommunikationsakts** factores (m.p.) del acto de la comunicación **152; lexikalisches ~** elemento léxico **103; strukturierende ~e** elementos (m.p.) estructurantes **129**

Ellipse elipsis (f.) **117**
elliptisch elíptico/a 118
Emotion emoción (f.) 88
empfangen receptar 152
Empfänger receptor (m.) 152
empfinden experimentar 25
Empfindung sentimiento (m.) 106
Emphase énfasis (m.) 108, 113, 116
Empörung indignación (f.) 28, 29
Ende fin (m.) 73; término (m.) 73; final (m.) 77; **letzten ~s** en definitiva 129; **zu ~ gehen**: concluir 42
enden terminar 41, 42, 93; finalizar 78, 93
Endung sufijo (m.) 116
energisch enérgicamente 30
engagiert: **~es Theater**: obra (f.) de tesis 99
Enjambement encabalgamiento (m.) **93**
entbehren carecer 145, 149; **jede Grundlage ~** carecer de fundamento 145
entdecken descubrir 40
entfallen suprimir 59
entfernt: **weit ~ sein von** distar mucho de 138
entgegengesetzt opuesto/a 24, 124
entgegensetzen replicar 139
enthalten contener 40, 42, 91, 95, 112, 124; encerrar 44, 60, 94, 124, 125, 147; **sich ~** abstenerse 16, 33
enthalten contenido/a 43, 91; **~ sein** estar contenido 90, 95
entkräften impugnar 66
entnehmen tomar 97, 122; sacar 122
entscheidend decisivo/a 67; definitivo/a 70
Entscheidung decisión (f.) 44, 53, 72, 90, 138; **eine ~ fällen** tomar una decisión 21
entschieden con energía 29; decidido/a 26; tenazmente 30
entschieden: **~ sein** estar decidido 80
Entschluß resolución (f.) 72, 90
entsinnen: **wenn ich mich richtig entsinne** si mal no recuerdo 129
entsprechen corresponder 38, 53, 147
entspringen emanar 57
entstehen: **~ lassen** crear 56; hacer nacer 57, 58; hacer surgir 21, 56

entstellen desfigurar 144; falsear 52
entwickeln: **sich ~** desarrollarse 76
Entwicklung desarrollo (m.) 75, 76, 101; desenvolvimiento (m.) 77, 101
Epitheton epíteto (m.) **114**
Epoche época (f.) 99, 109
Erachten juicio (m.) **128**
erahnen: **sich ~ lassen** dejarse entrever 78
erarbeiten elaborar 53
erbittert: **sehr ~er** enconado/a 29
Ereignis acontecimiento (m.) **47**, 75, 77, 134, 144; hecho (m.) 88, 144; hecho sucedido 12; hecho acontecido 12; suceso (m.) 15, 48, **50**, 53, 70; **aktuelles ~** actualidad (f.) 51; **die ~se** lo sucedido 51
Erfahrung experiencia (f.) 64
erfassen captar 152
erforderlich: **unbedingt ~** de suma necesidad 64
erfordern requerir 111
erfunden: **frei ~** fantástico/a 98
ergeben resultar 120; **sich ~** desprenderse 24, 148; resultar 71
Ergebnis consecuencia (f.) **68**; resultado (m.) 51, **71, 72, 73,** 138
ergreifen: **eine Maßnahme ~** tomar una medida 20, 26; **Partei ~** tomar partido 26
erhalten recibir 117
erheben alzar 29; **Einwände ~** hacer objeciones 66, 67; poner objeciones 66, 67
erhellen esclarecer 48, 90
erhöhen acrecentar 110
erkennen ver 45, 75; **deutlich ~ lassen** hacer ver claramente 124; **sich ~ lassen** dejarse entrever 24, 98; **zu ~ geben** dar a conocer 29
erklären explicar 13, 45, 46, 53, 69, 70, 103; aclarar 67, 91; exponer 75, 76; dar una explicación de 13; declarar 133, 143; **sich ~** declararse 28, 134
Erklärung explicación (f.) 54, 139, 145; aclaración (f.) **14;** manifestación (f.) **19; genauere ~** especificación (f.) 139
erlangen alcanzar 79, 81; lograr 80; obtener 73, 80
erläutern especificar 114; explicar 43, 90; aclarar 14, 48; poner en claro 14

erläuternd   aclaratorio/a 14
Erläuterung   aclaración (f.) 139, 145
Erlebnis   vivencia (f.) 87, 88, 106
erleichtern   facilitar 99
ermessen   comedir 138
ermutigen   animar **20,** 90
ernst   serio/a 61
ernstlich   seriamente 72
ernstzunehmend   serio/a 140
eröffnen   abrir 76, 98; **sich ~** abrirse 21
erörtern   exponer 103
Erotik   erotismo (m.) 58
erregen   llamar 52
erreichen   alcanzar 73, 80; conseguir 80, 81; lograr 110; obtener 79, 81, 114, 120
erscheinen   aparecer 51, 59, 76; 78, 79, 81, 82, 100, 102, 136; **~ lassen** hacer aparecer 84
Erscheinung: von angenehmer ~ de buena presencia 85
erschütterbar   deleznable 63
erschüttern   conmover 77
Erschütterung   conmoción (f.) 117
erschweren   dificultar 118, 119, 122; obstaculizar 144
erst: in ~er Linie en primer lugar 83
Erstaunen: in ~ setzen asombrar 77, 101; **in ~ versetzen** asombrar 129
erstrecken: sich ~ extenderse 41, 42, 90, 91
erwähnen   mencionar 13, 63, 81, 83, 141, 145, 146, 148; referir 145; mentar 145; hacer mención de 13
erwarten   esperar 78, 120
Erwartung   esperanza (f.) 147; expectación (f.) 76
erwecken   provocar 88
erweisen: sich als ~ resultar 137
erweitern   ensanchar 51
erwerben   adquirir 56
erwerbslos   desempleado/a 80
erwidern   replicar 67
Erwiderung   réplica (f.) **66, 67**
erwiesen   documentado/a 137
erzählen   narrar 12, 48
erzählend: narrative/~e Texte textos (m.p.) narrativo-descriptivos **74**
Erzähler   narrador (m.) 84
Erzählung   narración (f.) 76, 79, 83; relato (m.) 76, 75, 79, 81

erzielen   conseguir 114; obtener 110
Essay   ensayo (m.) 37
Euphemismus   eufemismo (m.) 118
evident: ~ sein ser evidente 133
exakt   exacto/a 47
existierend: nicht ~ inexistente 123
Exposition   exposición (f.) **75,** 98, 100; presentación (f.) 75
Expressivität   expresividad (f.) 110

F

Fachwissen   preparación (f.) **135**
Faktor   componente (m.) 141; factor (m.) **70**
Faktum   hecho (m.) 134
falsch   falaz 147; falso/a 61, 146
Falschheit   falsedad (f.) **146**
Fall: auf jeden ~ en todo caso 130
fällen: eine Entscheidung ~ tomar una decisión 21
fallend   descendente 62
familiär   familiar 82
fanatisch   fanático/a 86
Fanatismus   fanatismo (m.) 85, 146
Färbung   colorido (m.) 113
faul   holgazán/ana 86
Fehlen   falta (f.) 117
fehlen   faltar 118
Fehlschluß   error (m.) 70
Feierlichkeit   solemnidad (f.) 112
feige   cobarde 86
fern   lejano/a 123
Fernsehen   televisión (f.) 50
fest   firme 63; sólidamente 63
festigen   reforzar 24
festlegen   determinar 103; fijar 38
feststehend: ~e Wendung: frase (f.) hecha 105
feststellen   constatar 18, 40, 75, 89, 90, 91, 92, 93, 108, 125, 128, 152; distinguir 40; comprobar 108; advertir 91; apreciar 75
Feststellung   afirmación (f.) 64, 140; aserción (f.) **65;** constatación (f.) 133, 146
Figur   figura (f.) 80, 81; personaje (m.) 84, 107
finden   encontrar 40, 76, 78, 81, 83, 93,

94, 104, 106, 112, 114, 115, 124, 136, 153; hallar 106, 112, 114; opinar 128; estimar 128; **zu ~ sein** hallarse 69

fleißig trabajador/a 86

flüchtig someramente 12, 74

Folge consecuencia (f.) 23, 44, 47, **71, 72, 73,** 113, 138; **als ~ von** a consecuencia de 70; **die ~ sein von** ser debido a 70; **zur ~ haben** conllevar 71

folgen seguir 49, 68, 75, 76; seguirse 71; **daraus ~** deducirse de 113

folgend siguiente 49, 90, 93, 100, 142

folgern concluir 66

Folgerung resultado (m.) **68;** secuela (f.) 71

folglich por consiguiente **71**

fordern reclamar 111

Form forma (f.) 60, 91, 108; molde (m.) 95

formulieren formular 18, 19, 37, 38, 45, 62, 65, 66, 113, 121, 142, 144, 147

formuliert formulado/a 138

Fortschreiten progresión (f.) 77

fortschreiten avanzar 76

fortschrittlich progresista 86

Fotografie: Begleittexte zu ~n pies (m.p.) de fotos **52**

Frage cuestión (f.) 12, 13, 14, 33, 37, 38, 43, **48,** 53, 67, 135, 141, 144; pregunta (f.) 120; asunto (m.) 48, 141; **außer ~ stehen** estar fuera de duda 133; no admitir dudas 133; ser incuestionable 133; **in ~ stellen** poner en duda 64, 65, 138; poner en tela de juicio 138; **rhetorische ~** interrogación (f.) retórica **120**

fragen: sich ~ preguntarse 18

frei libre 93, suelto/a 93; libremente 72; **~ erfunden** fantástico/a 98

freilich realmente 140

Fremdwort (aus einer klassischen Sprache) cultismo (m.) 105; (aus einer modernen Sprache) extranjerismo (m.) 105, 107, 109

Freude alegría (f.) 27, 87; dicha (f.) 57

Freundlichkeit amabilidad (f.) 85

Freundschaft amistad (f.) 88

fröhlich alegre 86

fühlen sentir 25; **sich betroffen ~** darse por aludido 21; **sich solidarisch ~** sentirse solidario 25

führen llevar 44, 70; **vor Augen ~** hacer ver 19, 20, 23; mostrar 135

Fülle abundancia (f.) 108, 122

Funktion función (f.) **37, 110; ~en der Ausdrücke** funciones de los vocablos **106; ~en der Sprache** funciones (f.p.) del lenguaje **153; ~ des Titels** función (f.) del título **37**

für en favor de 26, 44; en pro de 33; **das Für und Wider** los pros y los contras 44

Fuß: ohne Hand und ~ sin pies ni cabeza 149

fußen basarse 16, 63, 64

G

ganz completamente 132; plenamente 72; por completo 139; totalmente 77, 132, 139, 142

gänzlich enteramente 132

Gauner(sprache) argótico/a 106; jergal 106

geben dar 118; hacer 54; asignar 47; emitir 28; **Auskunft ~** dar razón 47; **sich ~** mostrarse 33; **zu erkennen ~** dar a conocer 29; **Auskunft ~ über** dar parte de 14; dar razón de 14; dar cuenta de 47; **bekannt~** dar a conocer 52

Gebiet materia (f.) 135

gebildet instruido/a 86; **~ sein** estar formado 95

Gebrauch empleo (m.) 108, 111, 116, 117, 118; **~ machen von** usar 110; emplear 121

gebrauchen emplear 93, 103, 106, 108, 110, 111, 118, 119, 122, 125; utilizar 66, 108, 109, 121, 125, 126; usar 59

gebräuchlich usado/a 122

gebraucht tomado/a 122

gebührend debido/a 71

Gedanke idea (f.) 15, 17, 46, 64, 120, 121; pensamiento (m.) 101, 106, 113, 121, 124

Gedankengang raciocinio (m.) **136;** razonamiento (m.) **61**

Gedicht poema (m.) 12, 36, 37, **87,** 109, 115; poesía (f.) 12, 87; **Aufbau des ~es** estructura (f.) del poema **89**

gedrängt sucinto/a 107

gedruckt impreso/a 51; escrito/a 51

geeignet adecuado/a 106

gefallen satisfacer 79

gefaßt: kurz ~ conciso/a 75

Gefolgschaft seguidores (m.p.) 146

Gefühl impresión (f.) 112; sensación (f.) 106, 112; sentimiento (m.) 21, 58, 87, 88, 89

gefühlsbetont sentimental 62

gefühlsmäßig afectivo/a 115

Gefühlsspannung: **von größter ~** de máxima tensión sentimental 91

Gegenfigur antagonista (m.f.) **81**

gegensätzlich opuesto/a 124

Gegenspieler antagonista (m.f.) **81,** 100

Gegenstand objeto (m.) 115

Gegenteil (lo) contrario 126

Gegenthese tesis (f.) adversa 67

gegenüberstellen oponer 124; poner en contraste 124; confrontar 15

Gegenüberstellung contraposición (f.) 88, **124**

gegliedert dividido/a 40, 41; estructurado/a 39, 98; repartido/a 96; **~ sein** articularse 89

gegründet: **~ sein** estar basado 63

gehen ir 41, 42; **zu Ende ~:** concluir 42; **aus dem Wege ~** pasar por alto 146; rehuir 134

gehoben culto 104, 106

Geist ánimo (m.) 22

geizig avaro/a 86

gekoppelt: **aneinander ~** unido/a 124

gekünstelt rebuscado/a 122

gelassen desapasionadamente 134

geläufig corriente 104

Gelehrter erudito (m.) 63

gelingen conseguir 145

gelten: **~ lassen** hacer valer 22

gelungen acertado/a 121, 122; logrado/a 122

gemacht vivido/a 64

gemäß con arreglo a 79; de acuerdo con 51

Gemütsverfassung estado (m.) de ánimo 87

Gemütszustand situación (f.) anímica 107

genau exacto/a 112; preciso/a 47; exactamente 12, 113, 135; **ganz ~** bé por bé 135; cé por cé 135; **~ beschreiben** pormenorizar 74; **~ere Erläuterung** especificación (f.) 139; **sehr ~ angeben** precisar (muy concretamente) 19

genauestens profundamente 135

Genauigkeit exactitud (f.) 12, **135**

genauso: **~ wie** según y como 130

Generationskonflikt conflicto (m.) entre las generaciones 88

geraten: **in Konflikt ~** entrar en conflicto 81

gerecht justo/a 28

gerechtfertigt justo/a 137

gerichtet dirigido/a 123; **~ sein** ir dirigido 57

Geringschätzung desprecio (m.) **32;** **~ ausdrücken** menospreciar 32

Geschehen acontecimiento (m.) 70; hecho (m.) **47,** 53, 101; suceso (m.) 134; **aktuelles ~** actualidad (f.) 51, 54

geschehen acontecer 79

Geschicklichkeit habilidad (f.) 15

geschickt acertadamente 136; hábilmente 15

Geschmack gusto (m.) 109

Gesellschaft sociedad (f.) 58, 99

Gesellschaftsauffassung concepción (f.) de la sociedad 22

Gesichtspunkt criterio (m.) **128;** punto (m.) de vista **17,** 18, 32, 38, 43, **141; unter diesem ~** desde este punto de vista 130

Gesprächspartner interlocutor (m.) 152

gestalten organizar 51; ambientar 51

gesund sano/a 85

getrennt separado/a 39

gewaltig enormemente 144

gewichtig de peso 17, 70, 136

gewidmet dedicado/a 43

gewinnen captar 22, 52; cautivar 52; ganarse 52; **für sich ~** ganarse 22; granjearse 22

gewisse ciertos/as 147

gewissermaßen en cierto modo 37

gewiß cierto/a 140; **~ sein** no haber duda 128

Gewißheit certeza (f.) 120

Gewohnheit costumbre (f.) 21

geziert afectado/a 107

glatt rotundamente 30

glauben creer 16, 128, 133, 138,

glaubhaft verosímil 65

gleich igual 92, 95; mismo/a 114, 132; **von ~er Länge** de igual medida 96

Gleichberechtigung igualdad (f.) de derechos 20

Gleichheit igualdad (f.) 23
gleichsilbig parisílabo/a 95
gliedern estructurar 40
Gliederung estructuración (f.) **39**
Glück felicidad (f.) 57, 58
glücklich feliz 78
Glückseligkeit dicha (f.) 58
Gracioso (la) figura del donaire 102
Grad: im höchsten ~e en extremo 144
grammatikalisch gramatical 111, 119
grausam cruel 32, 126
greifbar externo/a 88
grotesk grotesco/a 119
groß profundo/a 25; **~ schreiben** escribir con mayúscula 123
großartig formidable 73
Größe tamaño (m.) 115
größtenteils en su mayor parte 62
großzügig desprendido/a 86
Grund base (f.) **63**; razón (f.) 17, 44, **61**, 66, **69**, 113; **im ~e** en el fondo 125; **von ~ auf** radicalmente 77
gründen: sich ~ basarse 63; **sich ~ auf** estar basado/a en 16
Grundlage base (f.) **64;**84; cimiento (m.) 63; fundamento (m.) 149; **jeder ~ entbehren** carecer de fundamento 145
gründlich pleno/a 135; a fondo 135; detenidamente 72, 73
Gründlichkeit rigor (m.) **135**
grundsätzlich fundamental 141
Grundziel fin (m.) principal 55
günstig favorable 73
Günstlingswirtschaft favoritismo (m.) 21
Güte bondad (f.) 85

H

Haare: an den ~n herbeigezogen traído por los cabellos 121
haben: als Ziel ~ tener como objeto 56, 111; tener como fin 56, 111; tener por objeto 22; **bestimmt ~** no carecer de 140, no dejar de tener 140; **Recht ~** tener razón **133; teil~** tomar parte 153; **Unrecht ~** no tener razón **143; vor Augen ~** tener en cuenta 141; tener presente 139; **Wirkung ~** surtir efecto 72; **zu tun ~** tener que ver 53, 115, 122; **zum**

Inhalt ~ contener 124; **zur Folge ~** conllevar 71
Habsucht avaricia (f.) 85
Haftung: die ~ übernehmen hacerse responsable 72; responsabilizarse 72
halbfett en negrita 51
Halbvers hemistiquio (m.) 92
halten ~ als considerar 64; tener por 58; **~ für** considerar 27; creer 27; juzgar 27; **sich ~** acomodarse 95; atenerse 119
Haltung actitud (f.) **25**, 29, 30, 45; posición (f.) 28; postura (f.) 30; **~ des Verfassers**: actitud (f.) del autor **25; politische ~** ideología (f.) 51
Hand: ohne ~ und Fuß sin pies ni cabeza 149
Handeln acción (f.) 29
handeln tratar 43; intervenir 100; **sich ~** tratarse 96
Handlung acción (f.) 72, **74,** 80, 82, **100,** 138; **Ort der ~** lugar (m.) de la acción **74**
Handlungsablauf movimiento (m.) de la acción **75**; acción (f.) **100**
harmonisch armonioso/a 94
hart severo/a 28, 31, 137; **~e Lebensbedingungen** dureza (f.) de vida 80
hartnäckig porfiadamente 30
häufig frecuente 111
Haupt- ... principal 44, 69
Hauptanliegen fin (m.) primordial 55; objeto (m.) principal 52
Hauptdarsteller protagonista (m.f.) 98
Hauptfigur personaje (m.) principal 81, 100; protagonista (m.f.) **80**
Hauptgedanke idea (f.) central 37; idea (f.) principal 41, 42
Hauptperson personaje (m.) central 79; personaje (m.) principal 79; protagonista (m.f.) 100
hauptsächlich en particular 129; esencialmente 43
Hauptschwerpunkt núcleo (m.) principal 90
Hauptteil parte (f.) central **43**, 83; parte (f.) principal 45
Hauptwesenszug principal rasgo (m.) 85
Hauptziel fin (m.) primordial 52, 55
heftig violento 28, 31
heikel delicado/a 13; escabroso/a 15; complicado/a 49

Held héroe (m.) 79, 100
Heldin heroína (f.) 100
helfen ayudar 48, 84, 85
herausfordern provocar 52
herausragen destacar 58
herausstellen recalcar 120
herbeigezogen: an den Haaren ~ traí-
do/a por los cabellos 121
herkommen provenir 71, 72
herkömmlich tradicional 95
herleiten: sich ~ derivarse 68, 70
herrühren venir dado 70
herunterspielen minimizar 51, 144
hervorgehen inferirse 66; provenir 57
hervorheben destacar 84, 120; hacer resaltar 124, 125; poner de relieve 14, 38,
106, 110, 113; 114, 121; realzar
110;113, 114, 121; recalcar 48, 93, 110;
resaltar 112, 119; destacar **14,** 112; señalar 89; subrayar 93
Hervorhebung realce (m.) expresivo 120
hervorrufen producir 88, 112; provocar
21, 89, 125; originar 58, 69; surtir 122;
causar 21; inspirar 21
Herz corazón (m.) 25
heuchlerisch hipócrita 86
Hexameter hexasílabo (m.) 96
Hilfe ayuda (f.) 112; **mit ~** por medio
46; con la ayuda 67
Hilfsmittel recurso (m.) 111
hinausziehen: sich ~ retrasarse 78
Hindernis obstáculo (m.) 152
hindurch: das ganze Gedicht ~ a lo lar-
go del poema 94
hineinziehen implicar 120
Hinweis indicación (f.) 76; advertencia
(f.) 14
hinweisen aludir 13, 52; sugerir 52; **~
auf** indicar 115; advertir 15; hacer notar
18; **eindringlich ~** insistir 48
hinzufügen agregar 52, 130; añadir
52;113
hinzugefügt añadido/a 113
hinzukommen añadir 130
hinzusetzen agregar 113
Hochachtung estima (f.) 26; respeto
(m.) 25
höchst sumamente 140
höchsten: im ~ Grade en extremo 144
Hoffnung ilusión (f.) 147

hoffnungslos desesperado/a 80
Höhe altura (f.) 115
Homonym homónimo (m.) 105
Horizont horizonte (m.) 20, 21
Humor humor (m.) **125**
humoristisch humorístico/a 24, 125
Hyperbaton hipérbaton (m.) **119**
Hyperbel hipérbole (f.) **119**
hyperbolisch hiperbólico/a 120

I

Ideal ideal (m.) 88, 148
Idealismus idealismo (m.) 85
idealistisch ideal 57; idealista 86
Idee idea (f.) 23, 26, 106, 109, 124, 125
identifizieren: sich ~ identificarse
102, 132
identisch idéntico/a 95
Ideologie ideología (f.) 25, 51
idiomatisch idiomático/a 105; **~e Redewendung** idiomatismo (m.) 105
ignorieren ignorar 139
Illusion ilusión (f.) 56
illusorisch ilusorio/a 57
Imperativ imperativo (m.) 60
Individualität: seine ~ betonen individualizarse 58
induktiv inductivo/a 61
Information información (f.) **13,** 50, **138**
informativ informativo/a **47; ~ Texte**
textos (m.p.) informativos **47**
informieren informar **19,** 47, 51, 55,
75, 101
Inhalt contenido (m.) 15, 37, 91; **zum ~
haben** contener 124
inhärent inherente 114
Inkompetenz incompetencia (f.) **145**
Innere interior (m.) 84, 88
innerhalb en el interior 93
inspirieren: sich ~ inspirarse 99; **sich ~
lassen** inspirarse 88
Intention: ~ des Werbetextes intención
(f.) del texto publicitario **55**
interessant interesante 44, 121
Interesse interés (m.) 23, 26, 52, 77, 78,
102, 140
interessiert interesado/a 86; **~ sein** estar
interesado 26
Interferenz interferencia (f.) 153

Konsumgesellschaft sociedad (f.) de consumo **55,** 99

Konsumhaltung actitud (f.) consumista 55

Kontext contexto (m.) 152

Kontrast contraste (m.) 125

kontrastieren contrastar 124

Konzentration concentración (f.) 118

konzentriert de una manera concentrada 52

körperlich físico/a 58

korrigieren corregir 22

Kraft energía (f.) 117; vigor (m.) 113, 117; **außer ~ setzen** derogar 119; **treibende ~** impulsor (m.) 55

kränkelnd enfermizo/a 85

kränklich enfermizo/a 85

Kreuzreim rima (f.) cruzada 95

Kritik crítica (f.) **13, 28,** 31, **137,** 145, 149

kritisch crítico/a 24, 28

kritisieren criticar 13, **21,** 137

kühl desapasionado/a 86

kühn audaz 86

Kummer pena (f.) 87

Kunde cliente (m.) **55,** 56, 59

künstlerisch artístico/a 59

künstlich artificial 57

kursiv en cursiva 51

kurz corto/a 40, 75; breve 15, 40, 42, 45, 75, 112;; sucinto/a 15; brevemente 113; sucintamente 15, 74; **~gefaßt** conciso/a 75; **~ und gut** en conclusión 131

L

Lachen risa (f.) 125

lächerlich ridículo/a 66; **~ machen** ridiculizar 21, 32, 32, 102

Lächerliche: ins ~ ziehen ironizar 32; poner en ridículo 21; ridiculizar 126

Lage situación (f.) 22, 29, 77, 79, 82, 99

lakonisch lacónico/a 107

Landschaft paisaje (m.) 88

lang largo/a 40, 75; extenso/a 40

Länge extensión (f.) 92; número (m.) de sílabas 93; **gleicher ~** de igual medida 96

langsam lentamente 76; paso a paso 76

lapidar lapidario/a 107

lassen: auf sich warten ~ dejarse esperar 72; **deutlich erkennen ~** hacer ver claramente 124; **durchblicken ~** dar a entender 19; dejar entrever 107; **entstehen ~** hacer surgir 21, 56; crear 56; hacer nacer 57, 58; **gelten ~** hacer valer 22; **sich ableiten ~** poder deducirse 24; **erscheinen ~** hacer aparecer 84; **sehen ~** hacer ver 83, 84; **sich charakterisieren ~** caracterizarse 108; **sich erahnen ~** dejarse entrever 78; **sich erkennen ~** dejarse entrever 98; **sich inspirieren ~** inspirarse 88; **spielen ~** situar 83; **steigern ~** hacer que aumente 76; **teilhaben ~** hacer partícipe 89; **unerwähnt ~** no hacer mención 145

Last: zur ~ legen inculpar 31

Laster vicio (m.) 21

Lauf derrotero (m.) 77

laut en voz alta 101

Laut sonido (m.) 114

lautmalerisch onomatopéyico 114

Lebensauffassung concepción (f.) de la vida 22

Lebensbedingungen condiciones (f.p.) de vida 22

Lebensbild visión (f.) de la vida 57

Lebensweise modos (m.p.) de vida 88

lebenswichtig vital 13, 49

leblos inanimado/a 123

lediglich meramente 115, 144; puramente 115; únicamente 141

legen: an den Tag ~ dar muestras de 100; hacer patente 32; **Nachdruck ~ auf** hacer hincapié en 14, 38; **zur Last ~** inculpar 31; **zugrunde ~** sentar 64; establecer 64

Legende leyenda (f.) 99

legitim legítimo/a 137

Lehre doctrina (f.) 64; enseñanza (f.) 40, 125

leicht: ~ abändern modular 51; **~ einprägsam** memorizable 59; **~ zu verstehen** de fácil comprensión 109; de comprensión fácil 109

leichtfertig imprudente 86

Leid pena (f.) 27

Leiden sufrimiento (m.) 88

leidenschaftlich apasionado/a 86; con celo 27

leidenschaftslos sin apasionamiento 134

Leistungsstärke   potencia (f.) 58
Leitartikel   editorial (m.) **54**
Leitbild   ideal (m.) 23
Leser   lector (m.) 45, **102,** 146, 152; receptor (m.) 57
leugnen: nicht zu ~ innegable 143
lexikalisch: ~es Element elemento (m.) léxico **103**
liberal   liberal 86
Liebenswürdigkeit   amabilidad (f.) 85
liefern   transmitir 16
linguistisch: ~er Kommunikationsprozeß proceso (m.) de la comunicación lingüística **152**
Linie: **in erster ~** en primer lugar 83
linksorientiert   izquierdista (m.f.) 27
literarisch   literario/a 117
loben   alabar 134
logisch   lógico/a 61, 71, 119, 136, 139; **sehr ~** con mucha lógica 136
Lokalisierung   localización (f.) **36, 97**
lösen   solucionar 99; resolver 99
Lösung   desenlace (m.) 75, **77,** 98, 100; solución (f.) 13
lustig   cómico/a 78; divertido/a 125
Lustiger   gracioso (m.) 102

M

machbar   viable 137
Machbarkeit   factibilidad (f.) **137**
machen: lächerlich ~ ridiculizar 21, 32; **rückgängig ~** invalidar 22; **sich lustig ~ über** reírse de 32, **deutlich ~** hacer ver 11, 31, 84, 85, 120, 123; hacer comprensible 121; hacer patente 105; patentizar 29; precisar 53; exteriorizar 19; **aufmerksam ~** llamar la atención 110; advertir 129; **bekannt ~** dar a conocer 37, 82, 90; difundir 50; divulgar 50; **besorgt ~** preocupar 31; **Gebrauch ~** usar 110, 121; **lächerlich ~** ridiculizar 102; **neugierig ~** intrigar 102; **schwer ~** hacer difícil 118, 144; **sich zunutze ~** aprovecharse de 58; pulsar 59; **vertraut ~** dar a conocer 75, 98; **zunichte ~** aniquilar 67
Macht   poder (m.) 58
Mangel   falta (f.) 32, **138; ~ an Aufrichtigkeit** falta de sinceridad **146; ~ an Kenntnis** falta de conocimientos **145; ~ an Sachkenntnis** falta de conocimien-

tos **145; ~ an Objektivität** falta (f.) de objetividad **144;** inobjetividad (f.) **144**
manieriert   amanerado/a 107
Manipulation   manipulación (f.) 56
Märchen   cuento (m.) 99
Massenmedien   medios (m.p.) de comunicación social 50
Materialismus   materialismo (m.) 85
mathematisch   matemático/a 135
Maße: in dem ~ wie a medida que 77
maßlos   desmedido/a 119; desmesurado/a 119; fuera de los límites 119
Maßnahme: medida (f.) 27, 29, 73, 138; **eine ~ ergreifen** tomar una medida 20, 26
mehr   diversos 103; varios/as 103; **viel ~** más bien 115
mehrdeutig   ambiguo/a 103
mehrere   varios/as 111, 115, 116, 139
meiden   esquivar **15;** evitar 49; rehuir 146; **ein Thema ~** esquivar un tema **15**
meinen   opinar 128
Meinung   manera (f.) de pensar 22; opinión (f.) 15, 16, **17,** 22, 26, 33, 53, 63, 66, 120, 124, 129, 132, 135, 142, 143, 144, 148; idea (f.) 134; juicio (m.) 142; **~ des Verfassers** opinión (f.) del autor **16; nach der ~ von** según 16; según el parecer de 16; en la opinión de 16; a juicio de 16; **persönliche ~** opinión (f.) personal **17; sich eine ~ bilden** formarse un juicio 21; **anderer ~ sein** disentir 142; **meiner ~ nach** a mi modo de pensar **128;** en mi opinión 147; **persönliche ~** opinión personal **128**
Meinungsänderung   cambio (m.) de opinión **17**
Meinungsverschiedenheit   desacuerdo (m.) **142**
Meldung   noticia (f.) 51, 53
menschlich   humano/a 48; **~e Solidarität** fraternidad (f.) humana 88
Merkmal   rasgo (m.) 83; **sprachliche ~e** caracteres (m.p.) lingüísticos **59**
Metapher   metáfora (f.) 108, **122**
metaphorisch   metafórico/a 103, 122; metafóricamente 122,
Metrum   versificación (f.) **91**
Milieu   ambiente (m.) 86
minutiös   cé por cé 135
mit: ~ Hilfe   por medio 120

miteinschließen hacer partícipe 120

Mitläufer secuaz (m.) 146

mitteilen comunicar 16, 89, 98, 101, 113; manifestar 43, 88; participar 87; trasmitir 113

Mitteilung mensaje (m.) 113

Mittel figura (f.) **110;** medio (m.) 111; procedimiento (m.) 120; recurso (m.) 59, 112, 117, 120; resorte (m.) 59; **psychologische ~** recursos (m.p.) psicológicos (m.) **56**

mittelbar mediato/a 69

mittels mediante 46, 67, 87, 112, 114, 116, 119, 120, 123; utilizando 119; por medio de 67, 112

mittlerer central 40

mißbilligen desaprobar 29

Mißbrauch abuso (m.) 21, 23, 30

mißtrauen desconfiar 32; recelar 33

Mißverständnis malentendido (m.) 14, 70, 125

Mode: **~ werden** ponerse de moda 106

Möglichkeit posibilidad (f.) 137

Monolog monólogo (m.) 85, 98, **101**

Monotonie monotonía (f.) 125

moralisch moral 18, 62

Motiv motivo (m.) **69, 70**

Motor motor (m.) 55; móvil (m.) **69**

münden desembocar 78

Mut: **~ einflößen** infundir ánimos 21

mutig valiente 86

N

nachahmend imitativo/a 114

nachdenken reflexionar 21, 49, 64, 72, 138; recapacitar 21

Nachdruck fuerza (f.) expresiva 116; insistencia (f.) 111; relieve (m.) 119; vigor (m.) 125; **~ legen auf** hacer hincapié en 14, 38; **~ verleihen** dar realce 120

nachdrücklich con insistencia 27

nachgehen hacer un análisis de 53

Nachricht noticia (f.) **50,** 53; **eigentliche ~** cuerpo (m.) de la noticia 51

Nachteil desventaja (f.) 80

nachträglich posterior 14

Nachweis justificación (f.) **63**

Nachwirkung secuela (f.) 138

nahelegen sugerir 20

näher: **~bringen** ayudar a conocer 99

narrativ: **~e/erzählende Texte** textos (m.p.) narrativo-descriptivos **74**

national nacional 99

Natur naturaleza (f.) 122, 123; orden (m.) 62

Natürlichkeit naturalidad (f.) 107

Nebenfigur personaje (m.) secundario 79, 84, 100

Nebenhandlung episodio (m.) 81

Nebenrolle papel (m.) secundario 81

negativ negativo/a 73, 145, 149; contraproducente 72

nehmen tomar 84; adoptar 30; **auf sich ~** asumir 23; cargar con 23; **Bezug ~** hacer referencia 13, 81; **Stellung ~ zu:** hacer un comentario de 13; **Stellung ~** tomar posición 54

Neigung inclinación (f.) 59

nennen denominar 75, 81; llamar 81, 120; nombrar 48, 63, 69, 83, 145

nervös nervioso/a 85

neu: **~ einteilen** reagrupar 98

Neugierde curiosidad (f.) 23, 76, 77

neugierig: **~ machen** intrigar 102

Neuheit novedad (f.) **50**

Neuigkeit novedad (f.) **50**

nicht: **absolut ~** en absoluto 143

Nichteinverständnis desacuerdo (m.) **28;** disconformidad (f.) 28, 29

nominal nominal 60, 109

Nominalstil estilo (m.) nominal 108

nötig: **~ sein** precisarse 76; ser menester 141; ser necesario 130

notwendig necesario/a 14, 15, 49, 64, 71, 112, 113; **~ sein** hacer falta 76; ser necesario 130

Notwendigkeit necesidad (f.) 20, 62, 111

Nuance matiz (m.) 113, 115, 125

Nüchternheit sobriedad (f.) 108

nutzen aprovechar 58

Nützlichkeit utilidad (f.) 55

O

oberflächlich superficialmente 12

Objekt objeto (m.) 121

objektiv objetivo/a 52, 108, 144; con objetividad 134; objetivamente 19, 51, 53, 134; **~ sein** ser objetivo 134

Objektivität objetividad (f.) 19, **134**; **Mangel an** ~ falta (f.) de objetividad **144**; inobjetividad (f.) **144**

offen abierto/a 86; abiertamente 25

offenbaren manifestar 90; poner de manifiesto 87

offenkundig evidente 47, 143; flagrante 147; notorio/a 147

offensichtlich evidente 136, 147; evidentemente 140; ~ **sein** ser evidente 133

öffentlich: ~ **rügen** denunciar 22

öffnen abrir 46; **sich** ~ abrir los ojos 20

ökologisch ecológico/a 141

ökonomisch económico/a 141

Optimismus optimismo (m.) 143

Ordnung orden (m.) 39

orientierend orientador/a 37

Originalität originalidad (f.) 108

originell original 107, 121, 122

Ort lugar (m.) 14, 74; sitio (m.) 74; ~ **der Handlung** lugar (m.) de la acción **74**

P

Paradoxon paradoja (f.) **124**

parallel paralelístico/a 91

Parallelismus paralelismo (m.) 124

Parenthese paréntesis (m.) 46

parodieren parodiar 102

Partei: ~ **ergreifen** tomar partido 26

parteiisch parcial 144; partidista 31

Parteilichkeit parcialidad (f.) **144**; partidismo (m.) 31

passen: ~ zu compaginarse con 86

passiv pasivo/a 81

Passivform forma (f.) pasiva 108

pathetisch patético/a 62

Pathos patetismo (m.) 108

pauschal: ~**e Behauptung** afirmación (f.) categórica 60

Pause pausa (f.) 92

peinlich: ~ **genau**, bé por bé 135; cé por cé 135

Periphrase perífrasis (f.) 108

periphrastisch perifrástico/a 108

Person personaje (m.) 77, **100**, 107; ~**en** personajes (f.p.) **79; andere ~en** otros personajes **81; Sprache der ~en** lenguaje (m.) de los personajes **86; Beschrei-**

bung der ~en descripción (f.) de los personajes **82**

personifizieren personificar 85, 123

Personifizierung personificación (f.) **123**

persönlich personal 16, 17, 18, 88, 144; ~**e Stellungnahme** comentario (m.) personal **127; ~e Meinung** opinión (f.) personal **17**

Persönlichkeit personalidad (f.) 83, 100

Perspektive perspectiva (f.) 20, 21, 147

Pessimismus pesimismo (m.) 143

pflegen soler 115

Phasen momentos (m.p.) 91

philosophisch filosófico/a 104, 105

physisch físico/a 84; ~**e Eigenschaften** cualidades (f.p.) físicas **85**

Plan plan (m.) 24, 26, 30, 79, 101

Planung: **wirtschaftliche** ~ planificación (f.) económica 28

Platitüde perogrullada (f.) 146

Pleonasmus pleonasmo (m.) **113**

poetisch poético/a 153

polemisch polémico/a 24, 28

Politik política (f.) 104

Politiker político (m.) 13

politisch político/a 24, 48, 62, 99, 104; ~**e Haltung** ideología 51

Polysyndeton polisíndeton (m.) **111**

positiv positivo/o 73, 145

postmodern postmoderno/a 99

Postulat postulado (m.) 40

potentiell posible 59

pragmatisch pragmático/a 59

Prägnanz concisión (f.) 117

prahlend altisonante 104

Prahlerei altisonancia (f.) 109; presunción (f.) 58

praktisch práctico/a 141

Prämisse premisa (f.) 64, 65, 66, 148

Präposition preposición (f.) 59

präzisieren precisar 53

Preis precio (m.) 55

Presse prensa (f.) 50

Prinzip principio (m.) 40, 64, 146

Problem problema (m.) **13**, 30, **48**, 53, 80, 141

problematisch problemático/a 49, 140; delicado/o 15

Produkt producto (m.) **55**, 56

Projekt proyecto (m.) 26, 30, 62

Prosa prosa (f.) 97
Prosopographie prosopografía (f.) 84
Protagonist protagonista (m.f.) **80**, 100
Protest protesta (f.) 29
protestieren protestar 23, 30
provokatorisch provocativo/a 45
provozieren provocar 79
provozierend provocativo/a 38
Psyche psicología (f.) 83; **Beschreibung der** ~ descripción (f.) psíquica 84
psychologisch psicológico/a 18, 62, 141; ~**e Mittel** recursos (m.p.) psicológicos **56**
Punkt punto (m.) 132, 139, 146; ~ **für** ~ punto por punto 135; ~ **und neuer Absatz** punto (m.) y aparte 39, 41

Q

Qualität cualidad (f.) 55; propiedad (f.) 123
Quartett cuarteto (m.) 96

R

radikal radical 27, 30
Rahmen marco (m.) 74
rasch con rapidez 76
Rassismus racismo (m.) 31
Rassist racista (m.f.) 31
Rätsel enigma (m.) 48
reagieren reaccionar 70
real realista 98
realistisch realista 98
Recht: derecho (m.) 20, 22; ~ **haben** tener razón **133**; **völlig** ~ **haben** tener toda la razón 133; **mit** ~ con razón 133, 137; justamente 137; con acierto 137
rechtfertigen justificar 17
rechtfertigend apologético/a 24
rechtsorientiert derechista (m.f.) 27
Rede estilo (m.) 108
Redeweise dicción (f.) 108
Redewendung locución (f.) 24; **idiomatische** ~ idiomatismo (m.) 105
Redner orador (m.) 152
Redundanz redundancia (f.) 107
reduzieren reducir 83
Reform reforma (f.) 20, 26, 27
Regel regla (f.) 111

regelmäßig regular 94; regularmente 94; **in** ~**en Abständen** periódicamente 94
Regenbogenpresse prensa (f.) sensacionalista 50
regional regional 116
reichlich abundantes 104; ~ **vorhanden sein** abundar 60, 104, 109, 115, 153
Reichweite alcance (m.) 71
Reihenfolge orden (m.) 119
Reim rima (f.) **93, 95**
reimen tener rima 96
reimend consonante 95; aconsonantado/a 95
reimfrei: ~ **bleiben** quedar libre 96
reimlos: ~**e Verse** versos (m.p.) carentes de rima 93
Reimschema esquema (m.) de las rimas 94
rein meramente 149
reizen estimular 52, 56; herir la sensibilidad 52
rekapitulieren recapitular 15, 45
Renaissance: **der** ~ renacentista 95
Repetition reiteración (f.) 112
Rest resto (m.) 39, 80
rhetorisch retórico/a 67, **110**; ~**e Frage** interrogación (f.) retórica **120**
richten dirigir 28, 31;145, 152; **sich** ~ dirigirse 57; adaptarse 95; **die Aufmerksamkeit** ~ concentrar la atención 13
Richtung sentido (m.) 54; rumbo (m.) 77
Rolle: **eine** ~ **spielen** jugar un papel 81
Roman novela (f.) 36, 99
Romanze romance (m.) **96**
rückgängig: ~ **machen** invalidar 22
rügen censurar 29; **öffentlich** ~ denunciar 22
Ruhe: **in** ~ con calma 73
ruhig tranquilo/a 85; plácido/a 100;
Rundfunk radio (f.) 50
rundweg rotundamente 30

S

Sache asunto (m.) **12, 48;** causa (f.) 23, 25
Sachkenntnis conocimiento (m.) de causa **135,** 136; **Mangel an** ~ falta (f.) de conocimientos **145; ohne** ~ sin conocimiento de causa 145

Sachlage hecho (m.) 72
sachlich objetivamente 19, 73, 134; ~ **sein** ser objetivo 134
Sachlichkeit objetividad (f.) 19, 112, **134**; pertinencia (f.) **134**
Sachverhalt asunto (m.) 141
sammeln acumular 62
satirisch satírico/a 24
Satz frase (f.) 95, 112, 119; oración (f.) 118
Satzanfang principio (m.) de una frase 116
Satzteil elemento (m.) de la frase 117
scharf fino/a 126
scharfsinnig sutil 136
schätzen estimar 128
Schauplatz entorno (m.) 74
Scheinargument argumento (m.) de apariencia convincente 21, 146; argumento aparentemente convincente 146
scheinbar aparente 69, 125; aparentemente 57, 124
scheinen parecer 128; **zu wissen** ~ parecer saber 139; **zu haben** ~ parecer tener 148
schicken enviar 152
Schicksal destino (m.) 31
Schicht clase (f.) 22
schieben: beiseite ~ soslayar 146
schildern referir 48
schlagen palpitar 25
schlagend contundente 67
Schlagwort eslogan (m.) 55; slogan (m.) 55
Schlagzeile título (m.) 51
Schlagzeilen titulares (m.p.) **52**
schlank esbelto/a 85
schleppend lento/a 100
schlichten hacer de mediador 24
Schlichtheit sencillez (f.) 107, 108
schließen: in sich ~ entrañar 125
schließlich en conclusión 129; en último lugar 129
Schlüsse: ~ **ziehen** raciocinar 136; razonar 136
Schlüsselwort palabra (f.) clave 59
schlüssig concluyente 61, 136
Schluß: zum ~ finalmente 129
Schlußfolgerung conclusión (f.) **44**, 45, **68**, 147

Schlußteil conclusión (f.) **44**
schmeicheln halagar 58
Schmerz dolor (m.) 88; sufrimiento (m.) 88
Schmuck adorno (m.) 107
schnell rápido/a 100; rápidamente 12, 76
Schnelligkeit rapidez (f.) 117
Schönheit belleza (f.) 58
schonungslos despiadado/a 32
Schreiben escrito (m.) 38, 43
schreiben: groß ~ escribir con mayúscula 123
Schriftbild: durch die Art des ~es: tipográficamente 39, 40
schrittweise paso a paso 76
schüchtern tímido/a 86
schuldig: ~ **sein an** tener la culpa de 77
schützen: sich ~ inmunizarse 67
schwach débil 26, 63, 149; de constitución débil 85; endeble 61
schwächen debilitar 24
Schwank sainete (m.) 97, 99
schwer: ~ **machen** hacer difícil 118; ~ **verständlich** oscuro/a 94; ~ **voraussehbar** difícilmente previsible 77
Schwerpunkt núcleo (m.) 89, 95
schwerwiegend de peso 66, 70; grave 71
schwierig difícil 79, 80, 119; complicado/a 14; de difícil solución 13; ~**e Lebensbedingungen** dureza (f.) de vida 80; ~ **machen** dificultar 144
Schwierigkeit dificultad (f.) 14, 80, 109, 146
Schwülstigkeit ampulosidad (f.) 109
Seelenleben psicología (f.) 83
seelisch anímico/a 87, 88
sehen ver 75, 108; **sich** ~ verse 80; ~ **lassen** hacer ver 83, 84; **ins Auge** ~ afrontar 80
Sehnsucht anhelo (m.) 56
sein constituir 42, 64, 88, 125; hallarse 78; **beteiligt** ~ intervenir 79, 81, 82; **enthalten** ~ estar contenido 90; **gebildet** ~ estar formado 95; **gegliedert** ~ articularse 89; **nicht mehr** ~ **als** no pasar de ser 148; **notwendig** ~ hacer falta 76; **nötig** ~ precisar 76; **vorauszusehen** ~ ser de prever 78
Seite faceta (f.) 49, 89, 145; lado (m.) 145; componente (m.) 49
selbstlos altruista 86

Selbstlosigkeit   abnegación (f.) 85
Seligkeit   bienestar (m.) 57
seltsam   raro/a 107
senden   emitir 152
Sender   emisor (m.) 152
Sensationspresse   prensa (f.) sensacionalista 50
setzen: außer Kraft ~ derogar 119; **in Beziehung ~** poner en relación 15, 89; **in Erstaunen ~** asombrar 77, 101
Sicht   punto (m.) de vista **17,** 39
Silbe   sílaba (f.) 94; **letzte ~n** sonidos (m.p.) finales 94
Silbenzahl   número (m.) de sílabas 91, 93
Sinn   sentido (m.) **103, 122; im eigentlichen ~e** en sentido real 122; en sentido propio 122; **in gewissem ~e** en cierto sentido 130
Sitten   costumbres (f.p.) 99
Situation   situación (f.) 29, 30
Slogan   slogan (m.) 55, 59; eslogan (m.) 55
sofortig   instantáneo/a 72
solidarisch: sich ~ erklären hacerse solidario 25; solidarizarse 23
solidarisieren   sich ~ solidarizarse 25
Solidarität   solidaridad (f.) **25,** 32, 88; **menschliche ~** fraternidad (f.) humana 88
solide   sólido/a 63
Sonderrecht   privilegio (m.) 22
Sonett   soneto (m.) **95**
Sorge   preocupación (f.) 27, 87, 101
Sorgfältigkeit   precisión (f.) **135**
Sorte   clase (f.) 93
sozial   social 22, 24, 26, 27, 30, 48, 80, 82, 83, 99
soziologisch   sociológico 18, 62
Spalten   columnas (f.p.) 50
Spannung   expectación (f.) 77, 78; suspense (m.) 77, tensión (f.) 76, 77
spärlich: ~ vorhanden sein escasear 104, 109, 153
spaßhaft   cómico/a 125
spaßig   hilativo/a 125
spezifizieren   especificar 114
spielen   desempeñar 81; ejercer 153; tener 153; **~ lassen** situar 83; **eine Rolle ~** jugar un papel 81
Spott   burla (f.) 32

spotten: **~ über** burlarse de 32
Sprache   lenguaje (m.) 82, 108; forma (f.) de hablar 25, 86; manera de expresarse 86; modo (m.) de expresarse 86; **~ der Personen** lenguaje (m.) de los personajes **86; zur ~ bringen** abordar 13; exteriorizar 88; hacer mención de 13; **Funktionen der ~** funciones (f.p.) del lenguaje **153**
Sprachebene   nivel (m.) del vocabulario **106; ~n** niveles (m.p.) de lengua **103**
Sprachelement   elemento (m.) (lingüístico) 59
sprachlich: ~e Merkmale caracteres (m.p.) lingüísticos **59**
sprechen: ~ für hablar en favor de 27; **dafür ~** inducir a 133
Sprecher   hablante (m.) 105, 152
Sprichwort   proverbio (m.) 64
springen: ins Auge ~ saltar a la vista 143
Sprüche   dichos (m.p.) 102
stammen   proceder 86; **~ von** ser de 36
stark   fuerte 85
Stärke   fuerza (f.) 58
stattfinden   desenvolverse 74; tener lugar 74, 79
stehen: ~ vor ir antepuesto a 115; ir delante de 115; **außer Frage ~** estar fuera de duda 133; no admitir dudas 133; ser incuestionable 133; **außer Zweifel ~** estar fuera de duda 128; **im Widerspruch ~** estar en contradicción 147; **in Einklang ~** estar de acuedo 86
steigend   ascendente 62
steigern   crecer 77; intensificarse 102; aumentar 110, 118; **~ lassen** hacer que aumente 76; **sich ~** acrecentarse 77; aumentar 98
Steigerungsform   grado (m.) superlativo 59
stellen: in Frage ~ poner en duda 64, 65, 138; poner en tela de juicio 138; **sich ~** afrontar 48, 49; **zufrieden ~** satisfacer 61
Stellung   posición (f.) 24, 126; **~ beziehen** tomar posición 51; **~ nehmen** tomar posición 54; hacer un comentario de 13
Stellungnahme   toma (f.) de posición (f.) 33, 72; **persönliche ~** comentario (m.) personal **127**

stichhaltig   persuasiro/a 17; sólido/a 136
Stil   estilo (m.) 60, **107**
Stilanalyse   análisis (m.) del estilo **107**
Stilebene: ~n estilos (m.p.) **107**
Stilmittel   elegancias (f.p.) del lenguaje **110;** medios (m.p.) estilísticos **110;** recursos (m.p.) estilísticos **110**
Stimmung   estado (m.) de ánimo 82
stimulieren   estimular 52, 60
Stirn: **die ~ bieten** enfrentarse con 80; hacer frente a 80
Störung: perturbación (f.) 152
Strapaze   trabajo (m.) 79
Strenge   severidad (f.) 85
Strömung   tendencia (f.) 109
Strophe   estrofa (f.) 91, **94,** 111
Struktur   estructura (f.) **39,** 40, 75, **97**
strukturieren   estructurar 40
strukturierend: ~e Elemente elementos (m.p.) estructurantes **129**
strukturiert   estructurado/a 39
Stück   composición (f.) 87
stützen   apoyar 17, 63; basar 17; **sich ~ auf** estribar en 16, apoyarse en 61;63
subjektiv   subjetivo/a 144; subjetivamente 53
suchen   buscar 13, 107
Suffix   sufijo (m.) 116
suggerieren   sugerir 20
Superlativ   superlativo (m.) 59
Syllogismus   silogismo (m.) **65**
syllogistisch: **~e Argumentation** argumentación (f.p.) silogística **65; ~e Beweisführung** raciocinio (m.) silogístico **65**
symmetrisch   simétrico/a 91, 96
Sympathie   simpatía (f.) **25**
sympathisch   simpático/a 86
sympathisieren   simpatizar 25, 102
Symptom   síntoma (m.) 137, 140
Synonym   sinónimo (m.) 105
syntaktisch   sintáctico/a 117
Synthese   síntesis (f.) 45
synthetisieren   sintetizar 37, 45
Szene   escena (f.) 36, 79, 81, 97

T

tabuisiert   tabú 118
Tadel   reproche (m.) **31**
tadeln   censurar 31; reprobar 29
tadelnswert   reprochable 31
Tag: **an den ~ legen** hacer patente 32; dar muestras de 100; **an den ~ bringen** hacer patente 50
Taktik   estrategia (f.) 72
taktlos   indiscreto 86
Tat   acción (f.) 29, 138; acto (m.) 72, 84; hecho (m.) 85; **~en** hechos (m.p.) 102
Tatsache   hecho (m.) 16, **47,** 129, 144
tatsächlich   real 69; de hecho 140
Technik   técnica (f.) 30, 104
technisch   técnico/a 104
Teil   parte (f.) 18, 23, 32, 39, **40,** 75, 90; núcleo (m.) 41; **einleitender ~** preámbulo (m.) inicial 42; **~ haben** tomar parte 153; **ein ~ sein** formar parte 97; **zum ~** parcialmente 140
Teilaspekt   subnúcleo (m.) 90
Teilelement   subnúcleo (m.) 90
teilen   compartir 17, 27, 132, 140, 143; dividir 92
Teilenumfang   extensión (f.) de las partes **41**
teilhaben: **~ lassen** hacer partícipe 89
teilhaftig: **~ werden lassen** hacer partícipe 87
teilnehmen   tomar parte 82
teilweise   en parte 62, 139, 140
Tendenz   tendencia (f.) 27, 109
tendenziös   tendenciosamente 53
Terzett   terceto (m.) 96
Text   texto (m.) **35, 36,** 39, **47,** 52 **informative ~e** textos informativos 47; **argumentative ~e** textos argumentativos **61; narrative/erzählende ~e** textos narrativo-descriptivos **74**
Theater   teatro (m.) **97; engagiertes ~** obra (f.) de tesis 99
Theaterstück   obra (f.) de teatro 12, 97; pieza (f.) de teatro 97
Thema   asunto (m.) 43; tema (m.) **12,** 37, 38, **48, 87,** 88, **98; ein ~ meiden** esquivar un tema **15**
thematisch   temático/a 89, 95
Theorie   teoría (f.) 44, 62, 63, 99
These   tesis (f.) 26, 27, 62, **65,** 66, 136

Thesentheater   teatro (m.) de ideas 99
Titel   título (m.) 36, **37; den ~ tragen** titularse 37, 97; **Funktion des ~s** función (f.) del título 37; **mit dem ~** que se titula ...; titulado/o 36, 97
Tod   muerte (f.) 88
tot   inanimado/a 123
tragen   llevar 36, 37; **den Titel ~** llevar por título 37, 97; titularse 37; **die Verantwortung ~** ser responsable 77
tragfähig: wenig ~ de poca consistencia 63
tragisch   trágico/a 71, 78; **~er Ausgang** catástrofe (f.) 78
Tragödie   tragedia (f.) 97
Tragweite   alcance (m.) 48, 144; trascendencia (f.) 71
träumerisch   imaginario/a 57
traurig   triste 86
treffen   llevar a cabo 51
treffend   acertado/a 137; justo/a 106; acertadamente 133, 137; con acierto 133, 136, 137
treibend: ~e Kraft impulsor (m.) 55
treten   abogar 27
Trieb   instinto (m.) 59
trotzen   arrostrar 80
trügerisch   engañoso/a 147
tun: zu ~ haben estar relacionado 122; tener que ver 53, 115, 122,

Ü

üben   hacer 28, 137; **Einfluß ~ auf** ejercer influencia en 50
über   acerca de 16, 17, 47
überaus   demasiado 80
überdenken   pensar 64; recapacitar 21
übereinstimmen   coincidir 41, 42, 95; concordar 86, 132, 142; estar en concordancia 147; estar en consonancia 38; estar de acuerdo 17
Übereinstimmung   conformidad (f.) 66
überflüssig   superfluo/a 49, 57, 110
Überfluß   profusión (f.) 108
Übergangsteil   pasaje (m.) de transición **45**
überhöht   altisonante 104
überladen   recargado/a 107
überlegen   reflexionar 21, 72, 101; recapacitar 64

Überlegung   raciocinio (m.) **61**
übermitteln   transmitir 16
übernehmen   asumir 75, 153; **die Haftung ~** hacerse responsable 72; responsabilizarse 72
überraschen   sorprender 77, 101, 129
überraschend   sorprendente 72, 77, 122, 125
überreden   persuadir 20, 23, 146
Überschrift   título (m.) 45; titulares (m.p.) **52**
übersenden   transmitir 152
überstürzt: ~ kommen precipitarse 78
übertragen   figurado/a 103, 122
übertreiben   aumentar 120; exagerar 120, 144
Übertreibung   exageración (f.) 119, 125; hipérbole (f.) **119**
überwiegen   dominar 60, predominar 104
überzeugen   convencer 20, 23, 61, 145, 146; persuadir 20, 23
überzeugend   convincente 17, 61, 65, 145; persuasivo/a 61, 67
Überzeugung   convencimiento (m.) 132; convicción (f.) 132
übrig: die ~en el resto 80

U

Umfang   extensión (f.) **41**
umfassen   abarcar 41, 42, 43; comprender 41, 43, 98; contener 95
umfassend   prolijo/a 13; con profusión de detalles 53
Umgangs   (Sprache) coloquial 106; familiar 106; (Vokabular) popular 106; (Wort) corriente 104; vulgar 104
Umgebung   ambiente (m.) 86; entorno (m.) 83
umrahmen   encuadrar 74
umreißen   formular 19; **kurz ~** condensar 37
umschlingend   abrazado/a 95
umschreiben   llamar perifrásticamente 118
Umschreibung   circunloquio (m.) 118; perífrasis (f.) 108, **118;** rodeo (m.) de palabras 118
Umschweife ohne ~ directamente 19
umsichtig   discreto/a 86

Umstand: **vorausgehende Umstände** antecedentes (m.p.) 98; presupuestos (m.p.) 98

Umwelt ambiente (m.) 83

unablässig: ~ **beschäftigen** tener obsesionado 27

unabsehbar incalculable 47

unanfechtbar indisputable 65;

unangebracht desacertado/a 121, inoportuno/a 66

unangenehm desagradable 71

unannehmbar inaceptable 64; inadmisible 64

unausbleiblich inevitable 71

unbedingt: ~ **erforderlich** de suma necesidad 64

unbegründet infundado/a 143, 145

unbelebt inerte 123

unberechenbar incalculable 79

unbestimmt indeterminado/a 96; indefinido/a 96

Unbestimmtheit imprecisión (f.) **139**

unbestreitbar indiscutible 47; incontestable 65, 143; incuestionable 65; ~ **sein** ser indiscutible 133

undurchführbar imposible de realizar 148; irrealizable 148

unehrerbietig irreverente 32

uneinsichtig incomprensivo/a 86

unentbehrlich imprescindible 64, 76; ~ **sein** ser imprescindible 141

unerhört inaudito/a 119

unerläßlich imprescindible 64, 75; indispensable 76

unerreichbar inaccesible 148, inalcanzable 148

unerwähnt: ~ **lassen** no hacer mención 145

unerwartet inesperado/a 71, 72, 73, 76, 77, 125

Unfähigkeit incapacidad (f.) **145**

ungebildet ignorante 86

ungebräuchlich: ~ **werden** caer en desuso 106

ungeheuer enorme 119

Ungenauigkeit inexactitud (f.) **139**

ungerade impar 96

ungerecht injusto/a 29, 30

ungerechtfertigt injustificado/a 145

Ungerechtigkeit injusticia (f.) 29, 30

Ungeschicklichkeit torpeza (f.) 125

ungleich desigual 92; distinto/a 93

Ungleichheit desigualdad (f.) 30

ungleichsilbig imparisílabo/a 95

Unglück desgracia (f.) 88

unhaltbar insostenible 61, 64, 65, 146; poco consistente 63

Unheil siniestro (m.) 77

Unkenntnis desconocimiento (m.) **138**

unmittelbar inmediato/a 69

unmißverständlich de modo inequívoco 29

Unnachgiebigkeit intransigencia (f.) 146

unnatürlich afectado/a 107

unnötig innecesario/a 15, 49, 57, 110

unnütz inútil 110

unparteiisch imparcialmente 134; ~ **sein** ser imparcial 134

Unparteilichkeit imparcialidad (f.) **134**

unpersönlich impersonal 108

unrealistisch irreal 57

Unrecht: ~ **haben** no tener razón **143**

unregelmäßig irregular 94

Unruhe inquietud (f.) 117; **in ~ versetzen** turbar 31

Unsitte vicio (m.) 21

Unstimmigkeit discrepancia (f.) **142**

unsympathisch antipático 86

Unterbewußtsein subconsciente (m.) 56

unterbrechen interrumpir 101

unterbrochen imperfecto/a 94

Unterdrückung opresión (f.) 23, 30

unterhaltsam ameno/a 107

Unterhaltsamkeit amenidad (f.) 108

unterlassen no hacer 31

untermauern dar solidez 63

unterrichten poner al corriente 19, 47

unterscheiden distinguir 40, 75, 89, 90, 91, 92, 100, 130; hacer distinto 58; **sich ~** discrepar 142

unterscheidend distintivo/a 83; especificativo/a 83

unterschiedlich diferente 103; distinto/a 70; diverso/a 70

unterstreichen subrayar 14, 38, 48, 106, 110, 112, 113, 114

unterstützen apoyar 26

untersuchen analizar 18, 43, 49, 54, 134; estudiar 105; examinar 12, 13, 18, 44, 49, 54, 73, 83, 141; hacer un análisis de 53

Untersuchung examen (m.) 144
Unterteil subnúcleo (m.) 41
unterteilen dividir 40, subdividir 41
unterteilt: **~ sein** estar dividido 98
Unterteilung división (f.) **40;** subdivisión (f.) **41**
Untertitel subtítulo (m.) **38**
unüberschaubar: **~ werden** enredarse 101; enzarzarse 76
unverhohlen directamente 25
unvermeidlich inevitable 71
unvermutet imprevisto/a 76; insospechado/a 73, 77
unvollkommen imperfecto/a 94
unvollständig incompleto/a 57
unvoreingenommen sereno/a 144; imparcialmente 53
Unvoreingenommenheit neutralidad (f.) **134**
unvorhergesehen imprevisto/a 71
Unwahrheit falsedad (f.) 143
unwahrscheinlich inverosímil 65, 101
unwiderlegbar irrebatible 61, 136; irrefutable 65, 67, 136; incontrovertible 47
unwiderleglich apodíctico/a 61; irrebatible 65; irrefutable 136
Unwissenheit ignorancia (f.) 32
unzählig innumerable 79
unzulässig inadmisible 61, 64
unzweckmäßig contraproducente 72
unzweifelhaft indudable 143
Ursache causa (f.) 14, 54, **69, 70;** causalidad (f.) **69;** móvil (m.) **69**
Ursprung origen (m.) 105
Urteil juicio (m.) 129; **sich ein ~ bilden** formarse un juicio 21
urteilen juzgar 130; raciocinar 62
utopisch utópico/a 147

V

verachten despreciar 32
Verachtung desprecio (m.) **32**
Veränderung alteración (f.) 119
verankern cimentar 64
verankert cimentado/a 63
veranlassen motivar 69; originar 125
veranschaulichen ilustrar 90
verantwortlich responsable 33, 51

Verantwortung: **die ~ tragen** ser responsable 77
verbal verbal 109
verbessern rectificar 22
Verbform forma (f.) verbal 60
verbinden combinar 93, 120; unir 111
Verbindung combinación (f.) 39; **in ~ bringen** relacionar 89
Verbindungselement ligación (f.) 117
Verbindungswort nexo (m.) 117
verborgen latente 69
Verbraucher consumidor (m.) **55**
verbreiten propagar 22, 30, 50; promulgar 23;
verbunden unido/a 116
Verdacht sospecha (f.) 137
verdeutlichen aclarar 18, 46, 84; esclarecer 90; evidenciar 120; exteriorizar 19; manifestar 90
Verdeutlichung esclarecimiento (m.) 139
verdrehen tergiversar 144
vereinbar compatible 142
vereinen reunir 140; unir 111
verfälschen falsear 144; falsificar 52
verfassen componer 87; escribir 36
Verfasser autor (m.) **11,** 45, 147; escritor (m.) 152
Verfassung estado (m.) de ánimo 107; situación (f.) 87, 88
verfolgen perseguir 19
verführen seducir 147
Vergänglichkeit fugacidad (f.) 88
vergessen olvidar 72, 139, 141
Vergleich comparación (f.) **15,** 120, **121;** símil (m.) **121; einen ~ anstellen** hacer una comparación 121
vergleichen comparar 15, 121
Vergleichsobjekt segundo elemento (m.) de la comparación 59
Vergnügen placer (m.) 58
Vergrößerungsform aumentativo (m.) 115
Verhalten comportamiento (m.) 21, 56, 83; conducta (f.) 22, 29, 31, 56; manera (f.) de obrar 84
verhalten: **sich ~** comportarse 70; proceder 70
verhängnisvoll fatal 71, 73
verhehlen ocultar 16
verheimlichen ocultar 146

verhindern   impedir 144
verhöhnen   mofarse de 32
verketten: sich ~ encadenarse 75
Verkleinerungswort diminutivo (m.) **115**
verknüpft   enlazado/a 116
verkoppelt   ligado/a 116
verkörpern   personificar 80; encarnar 80
verkünden   proclamar 23
Verlangen deseo (m.) 56
verlangen   exigir 20, 111, 139
Verlauf   curso (m.) 70; desenvolvimiento (m.) 77; hilo (m.) 75, 76; sesgo (m.) 77
verlegen: ~ **machen** desconcertar 77, 101
verleihen   conferir 108, 116, 117; dar 118, 119; otorgar 123; **Nachdruck ~** dar realce 120
verleiten   inducir 70; **dazu ~** inducir 53; **sich ~ lassen** dejarse seducir 21
verlocken   seducir 147
vermarkten   comercializar 57
Vermarktung   comercialización (f.) 55
vermeiden   evitar 15, 33, 48, 117, 118, 134; impedir 81
vermitteln   mediar 24
vermuten   conjeturar 69
Vermutung   conjetura (f.) 61, 137, 140; **~en anstellen** hacer conjeturas 145
vernehmen   captar 126
veröffentlichen   publicar 36, 50, 51; editar 50
verraten   delatar 105
Vers   verso (m.) 93, 97, 112; **reimlose ~e** versos (m.p.) carentes de rima 93; **Dichtung in ~en** composición (f.) en verso **87**
Versanfang   principio (m.) de un verso 116
verschieden   diferente 70; distinto/a 49, 103
verschließen   cerrar 31
verschlossen   cerrado/a 86
verschulden   ser el causante de 77
verschwinden   desaparecer 102
versetzen: **in Erstaunen ~** asombrar 129; **in Unruhe ~** turbar 31
versichern   asegurar 16, 133, 143
Versmaß   versificación (f.) **91**
verspotten   satirizar 22
versprechen   prometer 38, 148
verspüren   sentir 26

verständlich: schwer ~ oscuro/a 94
Verständnis   comprensión (f.) 76, 99, **109,** 113, 118, 119, 122
verständnisvoll   comprensivo/a 86
verstärken   dar fuerza 113, incrementar 76; potenciar 110; robustecer 121
versteckt   solapadamente 25
verstehen comprender 84, 85, 126; entender 113; **leicht zu ~** de fácil comprensión 109; de comprensión fácil 109
verstricken: sich ~ enredarse 76
Versüberschreitung   encabalgamiento (m.) **93**
Versuch   tentativa (f.) 29
versuchen   intentar 44, 58, 65, 87, 146; pretender 52, 57, 58, 81; procurar 67; tratar 53, 54
verteidigen   defender 17, 23, 26, 27, 44, 65, 99; sostener 17, 136
Verteidigung   defensa (f.) **26**
verteilt   distribuido/a 96; ~ **sein** estar distribuido 96
vertraut: ~ **machen** dar a conocer 75, 98
verursachen   acarrear 71; causar 69, 112; originar 70, 77; provocar 112
verurteilen   condenar 29, 31
Verwaltung   administración (f.) 104
Verwaltungs-   administrativo/a 105
Verwechslung   confusión (m.) 70
verweisen   denunciar 105
verwenden   emplear 59, 105; usar 59, 111; utilizar 106; **sich ~** interceder 27
verwendet   empleado/a 60
verwerflich   reprobable 31
verwickeln: sich ~ enmarañarse 76
verwickelt   intrincado/a 39, 80; escabroso/a 15
Verwicklung   complicación (f.) 76, 102; enredo (m.) 76; intriga (f.) 76; nudo (m.) 75, **76,** 100; trama (f.) 75
verwirklichen   realizar 140
verwirklicht: ~ **werden** llevarse a cabo 137
Verwirrung   perturbación (f.) 117
verwundern   admirar 129
verzichten   abstenerse 54; prescindir 59, 117
verzögern: sich ~ retardarse 78
viel: ~ **mehr** más bien 115
Vierergruppe   grupo (m.) de a cuatro 96
Vitalität   vitalidad (f.) 58

vokalisch asonante 94

vokalreimend asonante 95; asonantado/a 95

Volksmassen masas (f.p.) 23

völlig completamente 64, 139; enteramente 77; por completo 77, 95; plenamente 133; totalmente 132, 144, 146

vollkommen perfecto/a 94

vor: ~ **allem** primordialmente 43; sobre todo 83

vorangehen anteceder 115; preceder 115

vorankommen desenvolverse 76

voraus: **im** ~ por adelantado 68

vorausgehend: ~**e Umstände** antecedentes (m.p.) 98; presupuestos (m.p.) 98

voraussagen pronosticar 73

voraussehbar: **nicht** ~ imprevisible 76; imprevisto/a 77; **schwer** ~ difícilmente previsible 77

voraussehen prever 67, 73, 76

voraussetzen suponer 123

Voraussetzung presupuesto (m.) 61, **64**; supuesto (m.) 146

vorauszusehen: ~ **sein** ser de prever 78

vorbedacht preconcebido/a 79

Vorbehalt restricción (f.) **138,** reserva (f.) **33**

vorbehaltlos sin ningún género de reservas 29; sin la menor reserva 29

vorbeugen: ~ **gegen** salir al paso de 67

vorbringen aducir 62, afirmar 143; exponer 141; hacer 142; presentar 17, 66; proferir 30

Vorfall incidente (m.) **47,** 48, 144; hecho (m.) 53; lo sucedido 54

vorgaukeln ilusionar 147

vorgefaßt preconcebido/a 134, 148

vorgeschlagen propuesto/a 138

vorgetragen expuesto/a 138

vorgreifen prevenir 67

Vorhaben cometido (m.) 81; idea (f.) 25, 27; propósito (m.) 23, 106; proyecto (m.) 26

vorhalten echar en cara 31

vorhanden: **reichlich** ~ **sein** abundar 60, 104, 109, 115, 153; **spärlich** ~ **sein** escasear 104, 109, 153

vorher anteriormente 15, 45, 113, 147

vorherrschen dominar 60; predominar 109

vorkommen intervenir 79

Vorliebe predilección (f.) 25, 26, 108; preferencia (f.) 26, 109

vornehmen realizar 51; **sich** ~ proponerse 19, 22, 37, 52, 56, 79, 80, 81, 99, 146

vornherein: **von** ~ de antemano 68

Vorrecht prerrogativa (f.) 22

Vorrede preámbulo (m.) 42; introducción (f.) 42

Vorspann encabezamiento (m.) 51; lead (m.) 51

Vorschlag proposición (f.) 15, 27, 29, 62, 133, 136, 137, 140, 143, 148; propuesta (f.) 29, 66, 139, 142, 143; idea (f.) 29;

vorschlagen proponer 22, 29, 132, 142, 143, 148

Vorspiegelung fingimiento (m.) **146**

vorstellen presentar 43, 54, 82, 83, 84, 98, 100; exponer 17; **sich** ~ imaginarse 53

Vorstellung idea (f.) 132, 146; presentación (f.) **82**

Vorteil ventaja (f.) 56

vortragen presentar 120, 134; exponer 42, 43, 44, 45, 62, 65, 121

Vorurteil prejuicio (m.) 134, 144, 146; arbitrariedad (f.) 144

vorwarnen prevenir 20; poner sobre aviso 20

vorwegnehmen adelantar 37, 42; anticipar 42; adelantarse 67

vorweisen presentar 89

vorwerfen culpar 31, reprochar 31

Vorwurf reproche (m.) **31, 137,** 145

W

wachen: ~ **über** velar por 27

wachrufen evocar 107; infundir 22

wachsen crecer 77, 98, 102

wählen elegir 74; escoger 74

wahr verdadero/a 58, 137; ~ **sein** ser cierto 133

wahren salvaguardar 27

Wahrheit verdad (f.) 40, 125

wahrlich efectivamente 140

wahrnehmbar perceptible 126

wahrscheinlich verosímil 101

Wahrscheinlichkeit probabilidad (f.) **137,** 140, **148**

Wahrscheinlichkeitsgrad grado (m.) de probabilidad **140**

wandeln: **sich ~** transformarse 77

Ware producto (m.) **55**; artículo (m.) **55**; mercancía (f.) 55, 56

warten: **auf sich ~ lassen** dejarse esperar 72

wecken atraer 52, 116; crear 56, 57; originar 57; despertar 23, 58, 59; estimular 23; inculcar 22

Wechsel cambio (m.) 62

Weg camino (m.) 77; **aus dem ~e gehen** pasar por alto 146; rehuir 134

Wegwerfgesellschaft sociedad (f.) de despilfarro **55;99**

weigern: **sich ~** negarse 30

Weise manera (f.) 70; modo (m.) 70, 105

weit: **~ entfernt sein von** distar mucho de 138

Weltanschauung talante (m.) 51

Weltbild visión (f.) del mundo 57

wenden: **sich ~** dirigirse 101, 120, 123; manifestarse 28

Wendung giro (m.) 77; **feststehende ~ frase (f.) hecha** 105

wenig: **in ~en Worten** en pocas palabras 15

werben: **~ für** anunciar 55; propagar 30

Werbefeldzug invasión (f.) publicitaria 55

Werbespruch slogan (m.) 59

Werbetext texto (m.) publicitario **55**

Werbung publicidad (f.) **55**

werden: **~ zu** convertirse en 64; **aktiv ~** pasar a la acción 20; **Mode ~** ponerse de moda 106; **teilhaftig ~ lassen** hacer partícipe 87; **ungebräuchlich ~** caer en desuso 106; **unüberschaubar ~** enzarzarse 76; **verwirklicht ~:** llevarse a cabo 137

Werk composición (f.) 87, 94, 96; obra (f.) 87, 98, 99, 109; escrito (m.) 37

Wert valor (m.) 58; **innere ~e** cualidades (f.p.) morales **86**

Wertigkeit progresión (f.) 62

wertschätzend apreciativo/a 115

Wertschätzung aprecio (m.) 26

Wertung valoración (f.) 51

Wesen ser (m.) 123; forma (f.) de ser 86; manera (f.) de ser 83

Wesensmerkmal rasgo (m.) esencial 83

Wesenszug rasgo (m.) característico 84

wesentlich esencial 114, 141; principal 69; **im ~en**: esencialmente 43;

Wesentliche (das) lo esencial 52

wichtig importante 37, 40, 42, 44, 55, 66, 70, 79, 81

Wichtigkeit importancia (f.) 71, 116, 145; trascendencia (f.) 48

Wider: **das Für und ~** los pros y los contras 44

widerlegen rebatir 66; refutar 30, 65, 67

Widerlegung refutación (f.) 67

widersetzen: **sich ~** oponerse 30, 81

Widersinn absurdo (m.) 125, contrasentido (m.) **147**

Widersinnigkeit paradoja (f.) **124**

widerspiegeln reflejar 25, 109, 117

widersprechen contradecir 30, 147

Widerspruch contradicción (f.) 124, **147**; **im ~ stehen** estar en contradicción 147

widersprüchlich contradictorio/a 24, 124

Widerstand oposición (f.) **30; allen Widerständen zum Trotz** contra viento y marear 136

wieder: **~ aufgreifen** replantear 13

wiedergeben dar 52; reproducir 36, 53; traducir 107

wiederholen repetir 94, 110, 112, 114, 116; reiterar 94, 111

wiederholt repetido/a 111; reiterado/a 111, 114; aliterado/a 114

Wiederholung repetición (f.) **110**, 111, 112, **114, 116;** reiteración (f.)

Wiederkehr reiteración (f.) 116

Wille voluntad (f.) 33

willkürlich arbitrario/a 144

Winkel ángulo (m.) **141**

Wirklichkeit realidad (f.) 20, 31, 48, 89, 118, 122

Wirksamkeit efectividad (f.) 58

Wirkung consecuencia (f.) **69;** efecto (m.) **71, 72, 73;** eficacia (f.) 138; energía (f.) 117; **~ haben** surtir efecto 72

Wirkungskraft energía (f.) 117

wirtschaftlich económico/a 48, 62, 82, 99, 141; **~e Planung** planificación (f.) económica 28

wissen: **nicht ~** ignorar 139; **zu ~ scheinen** parecer saber 139; **zu ~ bleiben** quedar por saber 130

Wissenschaft ciencia (f.) 104
Wissenschaftler científico (m.) 63
wissenschaftlich 12, 104, 106, 141
witzig gracioso/a 125
Wohl bienestar (m.) 57
Wohlwollen benevolencia (f.) 22
wollen pretender 67; proponerse 56
Wonne bienestar (m.) 57
Wort palabra (f.) 102, **103,** 105, 107, 113, 116, 118, 122; término (m.) 118; vocablo (m.) 116; **in wenigen ~en** en pocas palabras 15
Wortfolge orden (m.) de las palabras 119
wortkarg sobrio en palabras 107; sobrio de palabras 107
Wortschatz vocabulario (m.) **103**
Wortschatzarten tipos (m.p.) de vocabulario **104**
Wortschatzebene nivel (m.) del vocabulario **106**
Wortspiel juego (m.) de palabras 125
Wunsch deseo (m.) 56, 58, 59
Würde . gravedad (f.) 112

Z

zahlreich numeroso/a 105, 109, 115, 140
Zäsur cesura (f.) 92
zeigen manifestar 25, 28, 32, 38, 87, 89, 101, 144; mostrar 23, 25, 26, 29, 31, 32, 33; 57, 75, 82, 84, 85, 90, 117, 123, 148; presentar 41, 75, 84, 124; señalar 84; indicar 37, 135; demostrar 20; poner de manifiesto 19, 144; tener 27; dar pruebas de 100; **sehr deutlich ~** hacer patente 117; **sich ~** mostrarse 90, 134, 144
Zeile línea (f.) 41; **~ für ~** línea a línea 77
Zeitungstexte textos (m.p.) periodísticos **50**
ziehen deducir 68; sacar 45, 68; **in Betracht ~** considerar 141; tener en cuenta 139; **in Zweifel ~** poner en duda 33, 138; **ins Lächerliche ~** ridiculizar 126; poner en ridículo 21; ironizar 32; **Schlüsse ~** raciocinar 136
Ziel fin (m.) 19, 22, 59, 80, 110; propósito (m.) 81; **als ~ haben** tener como objeto 56, 111; tener por objeto 22; tener como fin 56, 111
zitieren citar 63, 145

zögern vacilar 29
zuerkennen atribuir 47
zufriedenstellen colmar 57
Zug rasgo (m.) 82
zugeben admitir 133
zügig rápido/a 100
zugrunde: **~ legen** sentar 64; establecer 64
zugunsten: **~ von** en favor de 27
Zuhörer auditorio (m.) 77, 125
zukommen corresponder 71
Zukunft futuro (m.) 31; porvenir (m.) 31
zukünftig futuro/a 56
zuletzt en último lugar 129; por último 129
zunehmen aumentar 77, 102
Zuneigung inclinación (f.) 108
zunichte: **~ machen** aniquilar 67
zunutze: **sich ~ machen** pulsar 59; aprovecharse de 58
zuordnen coordinar 111
Zuordnung coordinación (f.) 60
zurückfordern reclamar 20, 22
zurückhaltend discreto/a 28; reservado 33
Zurückhaltung reserva (f.) 33
zurückweisen impugnar 67; rebatir 67; refutar 66
Zurückweisung impugnación (f.) **67**
zurückzuführen: **~ sein** ser debido 70; tener su origen 70
zusammenfassen resumir 15, 37, 45, 131; concluir 131; condensar 98; recapitular 15
zusammenfassend en resumen 131
Zusammenfassung resumen (m.) **15,** 45, **131;** síntesis (f.) 45
zusammenfügen enlazar 111
zusammengefaßt reunido/a 94
Zusammenhanglosigkeit incoherencia (f.) **147**
zusammensetzen componer 41
zusammentragen acumular 62
Zuschauer espectador (m.) **102**
zuschreiben atribuir 115, 123
zuspitzen: **sich ~** enredarse 101
Zustand estado (m.) 117
zustimmen aceptar 28, 143; asentir 27; concordar 139; subscribir 143; **nicht ~** disentir 142

Zustimmung acuerdo (m.) **27, 132;** asentimiento (m.) **17, 132; beschränkte ~** acuerdo restringido **139**

zutreffen venir al caso 145; hacer al caso 145

zutreffend oportuno/a 49

zuvor anteriormente 15

zuvorkommen anticiparse 67

zweckmäßig pertinente 27

zweideutig equívoco/a 103

Zweifel duda (f.) 14, **138; außer ~** fuera de duda 47; **außer ~ stehen** estar fuera de duda 128; **in ~ ziehen** poner en duda 33, 138; **kein ~ bestehen** no caber duda 128; **ohne ~** sin duda 128, 140

zweifeln dudar 33, 138; poner en duda 138; distar mucho de creer 138; poner en tela de juicio 138

zweifellos indudablemente 140; sin duda 128; sin ningún género de dudas 140

Zweisilber bisílabo (m.) 92

Zwischenfall peripecia (f.) 79

Zwischenspiel entremés (m.) 97, 99; paso (m.) 97, 99

Spanischlehrbücher im Schmetterling Verlag

Josep Martí i Pérez:
TRAMONTANA – MÉTODO PROGRESIVO PARA LA
ENSEÑANZA DE LA LENGUA ESPAÑOLA
(Lehrbuch mit oder ohne Lösungsteil)
Hauptband – broschierte Ausgabe mit Lösungsteil, 256 S., ISBN 3-926369-72-8
Hauptband – broschierte Ausgabe ohne Lösungsteil, 240 S., ISBN 3-926369-79-5
Hauptband – gebundene Ausgabe ohne Lösungsteil, 240 S., ISBN 3-926369-84-1
Lösungsheft , 16 S., geheftet, ISBN 3-926369-80-9

Pia Corte (Bearb.):
TRAMONTANA – Wortschatz
Das komplette Vokabular zum TRAMONTANA-Kurs nach Kapiteln geordnet;
120 S., ISBN 3-926369-71-x

TRAMONTANA – Sprachlernkassette
Auf zwei Kassetten die gesprochenen Texte des TRAMONTANA-Hauptbandes
ISBN 3-926369-81-7

Lektüren: Temas hispánicos

Die Textsammlungen der Reihe Temas hispánicos richten sich an Fortgeschrittene an Hochschulen und allgemeinbildenden Schulen, sind aber auch zum
Selbststudium geeignet. Kontextualisierte Übungen zur Lexik und Grammatik
dienen zur Festigung und Wiederholung sprachlicher Kenntnisse. Weitere Übungen regen zur inhaltlichen Erschließung und Interpretation der Texte an. Fernando Lalana Lac, als Spanischlehrer an einem Gymnasium tätig, hat das Textmaterial im Unterricht intensiv erprobt.

Fernando Lalana Lac:
TRAMONTANA – El problema vasco
«El problema vasco» bietet durch eine gezielte Auswahl publizistischer Quellen Einblick
in Entstehung, Entwicklung und Bedeutung des baskischen Nationalismus sowie in
Ideologie, Strategie und Selbstverständnis der ETA. 112 Seiten, ISBN 3-926369-74-4

El problema vasco – Lehrerheft   64 Seiten, ISBN 3-926369-78-7

Fernando Lalana Lac:
TRAMONTANA – Racismo en España
«Racismo en España» faßt Textmaterial zum Phänomen des Fremdenhasses in Spanien,
zur Diskriminierung der «gitanos», Nordafrikaner und Lateinamerikaner zusammen und
fragt nach Ursachen, Folgen und Gegenstrategien zum Neorassismus in Europa.
112 S., ISBN 3-926369-82-5

Racismo en España – Lehrerheft   64 Seiten, ISBN 3-926369-83-3

Fernando Lalana Lac:
TRAMONTANA – «*Queríamos que fuesen libres.*»
España y sus jóvenes
Texte zum Alltag der Jugend in Spanien (Drogen, Jugendarbeitslosigkeit, Gewaltbereit-
schaft, pseudoreligiöse Sekten...); besonders gekennzeichnete, adaptierte Texte eignen
sich zum Einstieg in die Textarbeit.
144 Seiten, ISBN 3-926369-30-2
«Queríamos que fuesen libres.» España y sus jóvenes – Lehrerheft
80 Seiten, ISBN 3-926369-31-0

Fernando Lalana Lac:
TRAMONTANA – *Guardianes de la naturaleza.*
Los indios y su América
Dieses Dossier umfaßt Texte bekannter AutorInnen wie Rigoberta Menchú, Eduardo
Galeano oder José Luzenberger über das erwachende Selbstverständnis der Ureinwoh-
ner Lateinamerikas als Bewahrer natürlicher Lebensräume.
160 Seiten, ISBN 3-926369-35-3
Guardianes de la naturaleza. Los indios y su América – Lehrerheft
68 Seiten, ISBN 3-926369-36-1

Guillermo Aparicio:
Spanisch für Besserwisser
Deutsche, die Spanisch lernen, stolpern mit
schöner Regelmäßigkeit über bestimmte Struk-
turen, Redewendungen und Formen.
Dagegen möchte Spanischlehrer und Publizist
Guillermo Aparicio Abhilfe schaffen, mit diesem
heiter-literarischen Fehlerstammbuch, ergänzt
durch grammatische und lexikalische Erklärun-
gen, maßgeschneiderte Übungen und Lektüren.
Kontrastive Betrachtungen zu Unwegbarkeiten
und Eigenheiten der spanischen Sprache. Hei-
ter-nachdenkliches für Fortgeschrittene und alle,
für die Sprache mehr als pure Informationsver-
mittlung bedeutet.

215 Seiten, ISBN 3-926369-39-6

Schmetterling Verlag

Rotebühlstr. 90, 70178 Stuttgart, Fon: 0711/626779, Fax: 0711/626992